REGLAMENT(
ADUAN
(MÉXICO)

ACTUALIZADA EL 24 DE DICIEMBRE DE 2020

PODER EJECUTIVO FEDERAL

PARACELSO

Poder Ejecutivo Federal

Reglamento de la Ley Aduanera (México). México: Paracelso, 2021.

15.24 × 22.86 cm – (Acervos Jurídicos)

Contacto editorial.paracelso@gmail.com

EDICIÓN GLOBAL

Tabla de contenido

REGLAMENTO DE LA LEY ADUANERA

Nueva Ley publicada en el *Diario Oficial de la Federación* el 20 de abril de 2015

TEXTO VIGENTE

Cantidades actualizadas por Reglas Generales de Comercio Exterior *Diario Oficial de la Federación* 24 de diciembre de 2020

Al margen un sello con el Escudo Nacional, que dice: Estados Unidos Mexicanos.- Presidencia de la República.

ENRIQUE PEÑA NIETO, Presidente de los Estados Unidos Mexicanos, en ejercicio de la facultad que me confiere el artículo 89, fracción I de la Constitución Política de los Estados Unidos Mexicanos, y con fundamento en los artículos 29; 30; 31; 32 Bis; 34; 35; 36 y 39 de la Ley Orgánica de la Administración Pública Federal y 4; 13; 14; 16-B; 34; 40; 45; 54; 59; 59-B; 61; 62; 94; 100; 105; 106; 109; 112; 117; 121; 126; 128; 132; 133; 135; 144; 145; 151; 152 y demás relativos de la Ley Aduanera, he tenido a bien expedir el siguiente

REGLAMENTO DE LA LEY ADUANERA

TÍTULO PRIMERO. GENERALIDADES

Capítulo I. Disposiciones Generales

Artículo 1. Además de las definiciones establecidas en el artículo 2o. de la Ley Aduanera, para efectos de este Reglamento se entenderá por:

I. Ley, la Ley Aduanera;

II. SAT, al Servicio de Administración Tributaria, y

III. Sistema Electrónico Aduanero, los diferentes procesos que se llevan a cabo electrónicamente a través de la ventanilla digital mexicana de comercio exterior, el sistema automatizado aduanero integral y los demás sistemas electrónicos que la Autoridad Aduanera determine utilizar para ejercer sus facultades.

Artículo 2. Cuando en este Reglamento se señalen cantidades en moneda nacional, éstas se actualizarán en los términos del artículo 5 de la Ley.

Artículo 3. La Autoridad Aduanera podrá prorrogar los plazos a que se refieren los artículos 97, último párrafo; 103, primer párrafo; 116, segundo párrafo y 117, primer párrafo de la Ley, así como los que expresamente señale este Reglamento, siempre que con anterioridad al vencimiento de los mismos los interesados transmitan a la Autoridad Aduanera la solicitud de prórroga correspondiente, señalando el nombre, denominación o razón social del interesado, su domicilio fiscal y la clave del registro federal de contribuyentes, el domicilio para recibir notificaciones, el fundamento jurídico que sustente la petición, así como cumplir con los requisitos que para cada caso el SAT señale mediante Reglas.

Si la prórroga no se autoriza, el interesado deberá cumplir con la obligación respectiva, en un plazo de hasta quince días, contado a partir del día siguiente a aquél en que se notifique la resolución.

Artículo 4. Para efectos del artículo 3o., segundo párrafo de la Ley, cuando las autoridades distintas de las aduaneras pongan a disposición de las Autoridades Aduaneras Mercancías relacionadas con la probable comisión de infracciones a la Ley, a fin de ejercer las facultades de comprobación, éstas procederán a la recepción de las Mercancías, previa entrega de las mismas en el recinto fiscal.

La recepción a que se refiere el párrafo anterior, deberá contener:

I. Los antecedentes relacionados con la entrega de los bienes por parte de la autoridad distinta de la aduanera, esto es, copia de las actas, oficios u otros documentos en los que consten los hechos y circunstancias sobre los que versa la presunta infracción a la Ley y su denuncia;

II. Acta que incluya las condiciones físicas e inventario de los bienes que se entregan, y

III. La información de la identificación del propietario o poseedor de los bienes que se entregan, incluyendo su ubicación o domicilio.

Tratándose de Mercancías sujetas a aseguramiento por parte de la autoridad ministerial y demás autoridades competentes o a proceso penal, la Autoridad Aduanera no podrá recibir los bienes.

La Autoridad Aduanera notificará al presunto propietario o poseedor de las Mercancías, en un plazo de diez días a partir de la recepción de las mismas, por correo certificado con acuse de recibo en el domicilio a que se refiere la fracción III de este artículo, que cuenta con quince días, a partir de la recepción de la notificación, para retirar las mismas, previa comprobación de su legal propiedad o posesión, así como estancia o importación. Transcurrido el plazo establecido sin que se retiren las Mercancías, comenzará a correr el plazo correspondiente para el abandono de las Mercancías a favor del Fisco Federal por falta de su retiro, en términos del artículo 196-A, fracción IV del Código Fiscal de la Federación. En el supuesto de que no se hubiera señalado domicilio o el señalado no corresponda al presunto propietario o poseedor de las Mercancías en cuestión, la notificación se efectuará por estrados.

El destino de las Mercancías que pasen a propiedad del Fisco Federal, se determinará conforme a lo dispuesto en la Ley y en la Ley Federal para la Administración y Enajenación de Bienes del Sector Público, según corresponda.

Capítulo II. Transmisión Electrónica de Información

Artículo 5. Las empresas que transporten las Mercancías a que se refiere el segundo párrafo del artículo 7o. de la Ley, deberán transmitir a la Autoridad Aduanera mediante el Sistema Electrónico Aduanero, por lo menos veinticuatro horas antes de su arribo al país, la información que permita la identificación de las Mercancías y de sus consignatarios, tales como, tipo, cantidad y descripción, así como nombre, denominación o razón social del consignatario, y demás que establezca el SAT mediante Reglas.

Artículo 6. Para efectos de los artículos 6o. y 36 de la Ley, las personas que deban transmitir o presentar al Sistema Electrónico Aduanero el Documento Electrónico o Digital, incluso el Pedimento, podrán utilizar el sello digital a que se refiere el artículo 29 del Código Fiscal de la Federación, el cual estará sujeto a las disposiciones jurídicas aplicables a la firma electrónica avanzada.

El titular de un sello digital será responsable de las consecuencias jurídicas que se deriven del uso del mismo, por lo que deberá solicitar su revocación ante cualquier circunstancia que ponga en riesgo su privacidad o confidencialidad o cuando la firma electrónica avanzada se revoque o cancele.

Capítulo III. Prestación de Servicios de Procesamiento Electrónico de Datos

Artículo 7. Para efectos del artículo 16-B de la Ley, los interesados deberán anexar a su solicitud de autorización para prestar los servicios de procesamiento electrónico de datos y servicios relacionados para llevar a cabo el control de la importación temporal de remolques, semiremolques y portacontenedores, el acta en la que conste la constitución de la persona moral de que se trate, conforme a las disposiciones jurídicas aplicables y su objeto social relacionado con la prestación del servicio cuya autorización solicita, así como los documentos bancarios o financieros y comerciales en los que conste su solvencia económica y los demás que establezca el SAT mediante Reglas.

Las personas que obtengan la autorización a que se refiere el párrafo anterior, deberán cumplir con lo siguiente:

I. Prestar el servicio en forma ininterrumpida a cualquier empresa transportista solicitante;

II. Efectuar la transmisión electrónica de los datos contenidos en el formato que el SAT emita para tal efecto;

III. Informar a la Autoridad Aduanera sobre las adecuaciones realizadas a su sistema electrónico;

IV. Proporcionar a los usuarios la asistencia técnica necesaria para el enlace, transmisión de información y validación de los formatos que amparan la importación temporal de los remolques, semirremolques y portacontenedores;

V. Proporcionar a la Autoridad Aduanera el apoyo técnico y administrativo necesario para llevar a cabo el enlace de los medios de cómputo con los que se prestará el servicio y su mantenimiento con el sistema del SAT, realizando los trámites que correspondan;

VI. Llevar un registro automatizado de operaciones prevalidadas, así como un registro de los usuarios del servicio, a efecto de formar un archivo por cada operación y usuario;

VII. Informar en forma inmediata a la Autoridad Aduanera de cualquier anomalía o irregularidad que se presente respecto de la prestación del servicio o en las operaciones de sus usuarios, de las que tengan conocimiento;

VIII. Mantener, en términos de las disposiciones jurídicas aplicables, la confidencialidad de toda la información y documentación empleada, así como de los sistemas utilizados;

IX. Presentar ante la unidad administrativa competente del SAT, a más tardar el día quince del mes de febrero de cada año, el comprobante de pago realizado con el cual se acredite el pago del derecho anual por el otorgamiento de la autorización, en términos de la Ley Federal de Derechos, y

X. Las demás que establezca el SAT mediante Reglas.

TÍTULO SEGUNDO. CONTROL DE LA ADUANA EN EL DESPACHO

Capítulo I. Entrada, Salida, Control de Mercancías y Medios de Transporte

Sección Primera. Entrada y Salida de Mercancías

Artículo 8. Para efectos de lo dispuesto en el artículo 9o. de la Ley, la obligación de declarar a las Autoridades Aduaneras el ingreso o salida del territorio nacional, cantidades de dinero en efectivo, cheques nacionales o extranjeros incluidos los cheques de viajero, órdenes de pago o cualquier otro documento por cobrar, o una combinación de ellos, será aplicable a:

I. Las personas físicas que actúen por cuenta propia o de terceros;

II. Empleados de las empresas de mensajería incluidas las de paquetería y los del Servicio Postal Mexicano, o de transporte internacional de traslado y custodia de valores, siempre y cuando los particulares a quienes les prestan el servicio les hayan manifestado las cantidades.

Artículo 9. Para efectos del artículo 10 de la Ley, son lugares autorizados para realizar:

I. La entrada o salida de Mercancías del territorio nacional: las aduanas, secciones aduaneras, aeropuertos internacionales, cruces fronterizos autorizados, puertos y terminales ferroviarias que cuenten con servicios aduanales, y

II. Maniobras a que se refiere el primer párrafo del artículo 10 de la Ley:

a) En tráfico marítimo y fluvial: los muelles, atracaderos y sitios para la carga y descarga de Mercancías de importación o exportación que la autoridad competente señale de conformidad con las disposiciones jurídicas aplicables;

b) En tráfico terrestre: los almacenes, y demás lugares adyacentes a las oficinas e instalaciones complementarias de la aduana de que se trate y que la Autoridad Aduanera señale para ello conforme a su infraestructura;

c) En tráfico aéreo: los aeropuertos declarados como internacionales por la autoridad competente, de conformidad con las disposiciones jurídicas aplicables, y

d) En tráfico ferroviario: las vías férreas y demás lugares adyacentes a las oficinas e instalaciones complementarias de la aduana de que se trate y que la Autoridad Aduanera señale para ello, conforme a su infraestructura en coordinación con otras autoridades competentes.

Tratándose de caso fortuito, fuerza mayor o causa debidamente justificada, las Autoridades Aduaneras podrán habilitar, por el tiempo que duren las citadas circunstancias, lugares de entrada, salida o maniobras distintos a los señalados en este artículo, los cuales se harán del conocimiento a las demás autoridades competentes y a los interesados.

Artículo 10. Para efectos del artículo 10 de la Ley, tratándose de tráfico aéreo y marítimo son días y horas hábiles para la entrada o salida del territorio nacional de Mercancías, maniobras de carga, descarga, transbordo y almacenamiento de las mismas, el embarque o desembarque de pasajeros y la revisión de sus equipajes, los que establezcan las autoridades competentes en forma coordinada. Esta prevención es aplicable al tráfico aéreo nacional respecto de aeronaves que salgan de la franja o región fronteriza.

Artículo 11. Para efectos del segundo párrafo del artículo 10 de la Ley, podrán obtener la autorización las personas morales constituidas conforme a las leyes mexicanas, que se encuentren al corriente en el cumplimiento de sus obligaciones fiscales y que acrediten la propiedad o la legal posesión de las instalaciones por las que se realizará la entrada o la salida del territorio nacional de las Mercancías y cumplan con los demás requisitos que establezca el SAT mediante Reglas.

Las instalaciones deberán localizarse dentro o colindante con un aeropuerto internacional, cruce fronterizo autorizado, puerto o terminal ferroviaria que cuente con servicios aduanales.

La autorización a que se refiere el primer párrafo de este artículo se podrá otorgar por un plazo de hasta tres años o por el que el solicitante acredite la legal posesión de las instalaciones, cuando sea menor. La vigencia de la autorización podrá prorrogarse a solicitud del interesado, hasta por un plazo igual, siempre que la solicitud se presente sesenta días antes del vencimiento de la autorización, se acredite el cumplimiento de los requisitos señalados para el otorgamiento de la misma al momento de la presentación de la solicitud de prórroga y se encuentre al corriente en el cumplimiento de las obligaciones inherentes a la autorización.

En ningún caso, el plazo de la autorización y de la prórroga, será mayor a aquél por el que el autorizado acredite la legal posesión de las instalaciones por las que se realizará la entrada o salida del territorio nacional de las Mercancías.

El SAT cancelará la autorización, además de lo establecido en el artículo 144-A de la Ley, cuando se dejen de cumplir los requisitos señalados para el otorgamiento de la autorización, o bien, incumplan con las obligaciones inherentes a la misma previstas en la Ley, en este Reglamento y en la autorización.

El procedimiento para la cancelación a que se refiere el párrafo anterior se llevará a cabo en términos del artículo 144-A de la Ley.

Artículo 12. Las Mercancías destinadas a entrar por una aduana podrán hacerlo por una aduana distinta, con la misma documentación de origen, cuando:

I. La de destino haya sido clausurada o se encuentre imposibilitada para recibir la carga, por cualquier circunstancia debidamente justificada;

II. Exista caso fortuito o fuerza mayor, y

III. El porteador o el consignatario de Mercancías en tráfico marítimo solicite y justifique descargar y despachar en otro puerto distinto del señalado como destino.

Artículo 13. Para efectos del artículo 16-A de la Ley, los interesados deberán cumplir, además de los requisitos previstos en dicho artículo, con los que al efecto establezca el SAT mediante Reglas. Tratándose de personas morales, deberán acreditar también estar constituidas de conformidad con las leyes mexicanas y que dentro de su objeto social y actividades no se contemple la importación y exportación de Mercancías.

Artículo 14. De conformidad con lo dispuesto en el artículo 19 de la Ley, se podrá autorizar el despacho aduanero de las Mercancías en lugar distinto del autorizado en función de lo dispuesto en el artículo 10 de la Ley, o en día u hora inhábil, siempre que existan causas debidamente justificadas para ello.

Artículo 15. Para efectos del artículo 20, último párrafo de la Ley, las empresas porteadoras deberán llevar a cabo la designación ante el SAT de su representante en territorio nacional, conforme a lo siguiente:

I. Presentar una promoción formulada en términos de los artículos 18 y 19 del Código Fiscal de la Federación, en la que se señale el nombramiento del representante y el domicilio para oír y recibir notificaciones en territorio nacional, anexando copia certificada de la escritura pública en la que conste el poder para actos de administración otorgado a favor del representante, y

II. Solicitar la inscripción de la designación del representante en el registro correspondiente.

Adicionalmente, las empresas porteadoras o sus representantes, podrán autorizar ante el SAT a personas para que a su nombre puedan oír y recibir notificaciones, siempre que cumplan con los requisitos que establezca el SAT mediante Reglas.

Sección Segunda. Tráfico Marítimo

Artículo 16. El tráfico marítimo puede ser de altura, cabotaje o mixto.

I. Se entiende por tráfico marítimo de altura:

a) El transporte de Mercancías que lleguen al país o se remitan al extranjero, y

b) La navegación entre un puerto nacional y otro extranjero o viceversa;

II. Se entiende por tráfico marítimo de cabotaje, el transporte de Mercancías o la navegación entre dos puntos del país situados en el mismo litoral, y

III. Se entiende por tráfico marítimo mixto:

a) Cuando una embarcación simultáneamente realiza los de altura y cabotaje con las Mercancías que transporta, y

b) El transporte de Mercancías o la navegación entre dos puntos de la costa nacional situados en distinto litoral o, en el mismo, si se hace escala en un puerto extranjero.

Artículo 17. El agente naviero general, el agente naviero consignatario de buques o los representantes de los navieros mexicanos podrán realizar los trámites ante la Autoridad Aduanera que correspondan a los capitanes, siempre y cuando manifiesten su voluntad de asumir la responsabilidad solidaria con éstos, en términos del Código Fiscal de la Federación.

Los representantes de las empresas navieras que transporten en un solo buque carga en forma común, podrán hacer del conocimiento de la aduana de tráfico marítimo antes del arribo de las Mercancías, su consentimiento para designar a un solo agente naviero consignatario de buque, a efecto de que éste pueda realizar los trámites respectivos ante la Autoridad Aduanera, siempre que dicho agente manifieste su voluntad de asumir la responsabilidad solidaria con el capitán del buque, en términos del Código Fiscal de la Federación.

Cuando la embarcación carezca de agente naviero general o agente naviero consignatario de buques en el puerto, se tendrá como tal a su capitán o a la persona que éste designe, la cual de aceptar dicho encargo, lo hará constar expresamente y sólo podrá renunciarlo después de concluidos los trámites del despacho de Mercancías que sean consecuencia directa del arribo y antes de que se inicie cualquier trámite relativo a la maniobra de carga o a la salida en lastre de la propia embarcación. En ausencia del capitán o de la persona que éste designe, se tendrá como agente naviero general o agente naviero consignatario de buques, según corresponda, al representante a que se refiere el último párrafo del artículo 20 de la Ley.

Artículo 18. El capitán de la embarcación que reciba en el extranjero carga o pasajeros para transportarlos al país, deberá transmitir a la Autoridad Aduanera en Documento Electrónico o Digital, en los términos y condiciones que establezca el SAT mediante Reglas, los siguientes documentos:

I. Manifiesto para cada uno de los puertos mexicanos a que la carga venga destinada;

II. Lista, por cada puerto, de los pasajeros que transportan, expresando la cantidad y clase de bultos que constituyan el equipaje de cada uno, con excepción de los de mano;

III. Lista de la tripulación y declaración de sus Mercancías, por cada puerto, y

IV. Relación por cada puerto, de los bultos que contengan Mercancías explosivas, inflamables, corrosivas, contaminantes o radiactivas, en su caso.

Los errores o deficiencias en los Documentos Electrónicos o Digitales deberán subsanarse dentro de las veinticuatro horas siguientes al desembarque de las Mercancías por medio de su retransmisión al Sistema Electrónico Aduanero.

El SAT establecerá mediante Reglas, los supuestos en que se procederá a subsanar los errores o deficiencias en los Documentos Electrónicos o Digitales en los casos en que se haya activado el Mecanismo de Selección Automatizado.

La obligación que se impone en el primer párrafo de este artículo al capitán de la embarcación, es sin perjuicio de la que corresponda a las empresas porteadoras y sus representantes.

Artículo 19. Para efectos del artículo 20, fracciones III y VII de la Ley, antes de salir una embarcación en tráfico marítimo de altura, su capitán, el agente naviero general, o el agente naviero consignatario de buques deberán transmitir a la Autoridad Aduanera en Documento Electrónico o Digital, en los términos y condiciones que establezca el SAT mediante Reglas, sin perjuicio de que lo realicen las empresas porteadoras o los representantes de éstas distintos de los antes señalados, un manifiesto que comprenda la carga que haya tomado en el puerto con destino al extranjero, el cual, en caso de contener errores o deficiencias, podrá corregirse mediante modificación presentada por medio de su retransmisión al Sistema Electrónico Aduanero antes de zarpar.

Una copia del manifiesto a que se refiere el párrafo anterior, se entregará al capitán para que ampare la carga.

Artículo 20. El capitán de la embarcación procedente del extranjero que arribe en lastre a un puerto nacional, formulará una declaración, bajo protesta de decir verdad, ante la Autoridad Aduanera en Documento Electrónico o Digital, en los términos y condiciones que establezca el SAT mediante Reglas, que exprese que no trae Mercancías de procedencia extranjera.

Artículo 21. Para efectos del artículo 20 de la Ley, son obligaciones de los capitanes de las embarcaciones, sin perjuicio de las que tengan las empresas porteadoras o los representantes de éstas, mientras permanezcan en puerto:

I. Poner a disposición de la Autoridad Aduanera las Mercancías que se transporten para su inspección o verificación en el lugar que dicha autoridad señale;

II. Acatar y hacer cumplir a los miembros de la tripulación, las disposiciones que dicten las Autoridades Aduaneras en relación con la embarcación y sus operaciones, y

III. Atender y ordenar a los tripulantes que acudan al llamado que les hagan las Autoridades Aduaneras para la realización de diligencias administrativas.

Artículo 22. Los capitanes de las embarcaciones de bandera extranjera que vayan a permanecer en algún punto del mar territorial o de la zona económica exclusiva deberán, previamente a cualquier maniobra de carga o descarga de Mercancías, fondear en el puerto nacional correspondiente para el cumplimiento de sus obligaciones fiscales.

Cuando las embarcaciones vayan a dedicarse a la explotación, extracción o transformación de recursos naturales, deberán dar aviso mediante promoción a la Autoridad Aduanera y cumplir con las demás disposiciones de la Ley de la materia que corresponda. Al entrar al país, y antes de salir del mismo, deberán cumplir las obligaciones fiscales, y con las regulaciones y restricciones no arancelarias aplicables respecto de las actividades mencionadas, salvo que algún convenio internacional establezca otro procedimiento.

En lo dispuesto en el párrafo primero de este artículo quedan incluidas las embarcaciones que transporten Mercancías destinadas a labores de instalación de plataformas, de carga y descarga de Mercancías o abastecimiento de embarcaciones.

Si se trata de embarcar o de cargar o descargar Mercancías, requerirán la autorización de la Autoridad Aduanera.

En estos casos, las Autoridades Aduaneras podrán establecer vigilancia en las embarcaciones o plataformas a que se refiere este artículo cuando lo estimen necesario a fin de resguardar el interés fiscal.

Artículo 23. Las embarcaciones que salgan de un puerto nacional en lastre para dedicarse a la explotación, extracción o transformación de recursos naturales en el mar territorial o en la zona económica exclusiva, o para tomar carga en algún punto ubicado en los mismos, deberán regresar a un puerto nacional.

El capitán al regresar al puerto nacional, deberá presentar una declaración ante la aduana, bajo protesta de decir verdad, que señale la especie y cantidad de cada producto obtenido o de las Mercancías embarcadas; si han sido objeto de algún proceso de conservación o transformación a bordo de la embarcación, y si éstas se descargarán en ese mismo puerto o en la misma embarcación se llevarán a otro puerto nacional o al extranjero, así como si entregó Mercancías en mar territorial, zona económica exclusiva o en alta mar a alguna otra embarcación.

Si se pretende extraer del país el producto obtenido o las Mercancías, además de la declaración a que se refiere el párrafo anterior, se deberá transmitir el Pedimento que corresponda en términos del artículo 36 de la Ley; pagar las contribuciones respectivas, y cumplir con las obligaciones en materia de regulaciones y restricciones no arancelarias a que estén sujetas las Mercancías y productos. Los trámites que estos casos ameriten, se harán con carácter preferente.

Artículo 24. En el tráfico marítimo mixto, las Mercancías y equipajes que sean materia de tráfico marítimo de altura se regirán por las disposiciones establecidas para éste y las que sean objeto de cabotaje deberán ampararse con los conocimientos de embarque y sobordos para cada puerto de destino y demás documentos que este Reglamento señale.

Artículo 25. Los capitanes o los agentes navieros generales o agentes navieros consignatarios de buques de las embarcaciones en tráfico marítimo mixto deberán entregar a la Autoridad Aduanera los sobordos y sus anexos, que amparen la carga de cabotaje que transportan para el puerto al que arriben, sin perjuicio de que lo realicen las empresas porteadoras o los representantes de éstas distintos a los antes señalados.

Para efectos de lo señalado en el párrafo anterior, los datos contenidos en los sobordos y sus anexos, se deberán transmitir a la Autoridad Aduanera a través del Sistema Electrónico Aduanero mediante Documento Electrónico o Digital.

Artículo 26. A solicitud del capitán o del agente naviero general o del agente naviero consignatario de buques, se podrá permitir el cambio de destino de las Mercancías de cabotaje en tráfico marítimo mixto, exigiéndose:

I. Que en lo relativo a documentación se cumpla con lo previsto en el artículo 25 de este Reglamento, y

II. Que se haga del conocimiento de la Autoridad Aduanera y marítima del destino original y final de las Mercancías.

El aviso de cambio de destino se dará a conocer por la aduana del puerto donde el buque arribe o por la del nuevo destino.

Artículo 27. Para tomar carga de cabotaje en tráfico marítimo mixto, el capitán o el agente naviero general o el agente naviero consignatario de buques presentará ante la Autoridad Aduanera el sobordo y sus anexos, en los términos del artículo 25 de este Reglamento, sin perjuicio de que lo realicen las empresas porteadoras o los representantes de éstas distintos de los antes señalados.

Artículo 28. Antes de la salida de una embarcación que haya tomado carga de cabotaje en tráfico marítimo mixto, el capitán o el agente naviero general o el agente naviero consignatario de buques, deberá presentar a la aduana un sobordo para cada puerto de destino de las Mercancías, sin perjuicio de que lo realicen las empresas porteadoras o los representantes de éstas distintos de los antes señalados.

Dicho documento podrá ser rectificado por medio de su retransmisión al Sistema Electrónico Aduanero, antes de que la embarcación zarpe.

Dos tantos del sobordo autorizado se entregarán al capitán para que ampare la carga hasta el puerto a que vaya destinada.

Sección Tercera. Tráfico Fluvial

Artículo 29. La entrada o salida del territorio nacional de Mercancías, podrá efectuarse mediante embarcaciones en tráfico fluvial, cuando así lo autorice previamente el SAT, siempre que se cumplan los requisitos que para tales efectos establezca mediante Reglas, siendo aplicable al mismo, en lo conducente, las disposiciones del tráfico marítimo.

Cuando se pretenda introducir o extraer del territorio nacional Mercancías empleando las corrientes fluviales como medio de conducción, deberá obtenerse previamente la autorización a que se refiere el artículo 39 de este Reglamento.

Sección Cuarta. Tráfico Aéreo

Artículo 30. Para efectos del artículo 7o. de la Ley, las empresas aéreas que efectúen el transporte internacional de pasajeros, deberán transmitir al SAT mediante el Sistema Electrónico Aduanero, la información de los pasajeros y de la tripulación que transporten, provenientes del extranjero con destino a territorio nacional, así como los que salgan del territorio nacional con destino al extranjero.

La información a que se refiere el párrafo anterior, deberá contener los datos acerca de cada pasajero o tripulante, del documento que acredite la identidad de los mismos, del vuelo, del servicio prestado y los demás datos del medio de transporte, así como aquéllos que se exijan de conformidad con las Reglas que al efecto emita el SAT.

Las empresas aéreas son responsables de verificar que la información contenida en los documentos presentados por el pasajero o tripulante corresponda con los datos capturados manualmente o con los leídos mediante lector óptico.

Artículo 31. En el caso de aeronaves que transporten pasajeros y equipajes, podrá efectuarse el tráfico aéreo internacional durante horas inhábiles, cuando oportunamente las autoridades competentes notifiquen a la Autoridad Aduanera la hora en que se efectuará el aterrizaje o despegue correspondiente.

Artículo 32. Las autoridades de aeronáutica de los aeropuertos internacionales del país, notificarán oportunamente a las Autoridades Aduaneras los vuelos internacionales, y no autorizarán el despegue de aeronaves a las que no se les haya practicado la visita de inspección aduanera de salida.

Sección Quinta. Tráfico Ferroviario

Artículo 33. Para efectos del artículo 20, fracciones III y VII de la Ley, las empresas concesionarias de transporte ferroviario o sus conductores, deberán transmitir a través del Sistema Electrónico Aduanero, en los términos y condiciones que establezca el SAT mediante Reglas, lo siguiente:

I. La información de las Mercancías que entren o salgan del territorio nacional;

II. El aviso del arribo de las Mercancías a la aduana de despacho;

III. La lista de intercambio que señale los medios en que se transporten las Mercancías, y

IV. La demás información que establezca el SAT mediante Reglas.

Sección Sexta. Tráfico Terrestre

Artículo 34. Para efectos de los artículos 35, 36, 36-A, 37 y 37-A de la Ley, en la introducción y extracción de Mercancías por tráfico terrestre, los importadores y exportadores, sus representantes legales o los agentes aduanales deberán declarar en el Pedimento o Aviso Consolidado los datos relativos al número económico de la caja o contenedor, el tipo de contenedor y vehículo de autotransporte, así como pagar el Pedimento por lo menos con una hora de anticipación del ingreso o salida del territorio nacional de las Mercancías.

Sección Séptima. Vía Postal

Artículo 35. Cuando por la vía postal se introduzcan o extraigan del territorio nacional las Mercancías cuya importación o exportación esté prohibida, el Servicio Postal Mexicano informará a la Autoridad Aduanera de dicha circunstancia, a través del Sistema Electrónico Aduanero mediante Documento Electrónico o Digital, en los términos y condiciones que establezca el SAT en las Reglas, para que dicha autoridad proceda conforme a las disposiciones jurídicas aplicables.

Artículo 36. Para efectos del artículo 21, fracción VII de la Ley, el Servicio Postal Mexicano deberá transmitir a la Autoridad Aduanera a través del Sistema Electrónico Aduanero mediante Documento Electrónico o Digital, la información relativa a los retornos.

Artículo 37. Los bultos y envíos postales de exportación que sean devueltos al país por las oficinas postales del extranjero, serán presentados por las oficinas postales de cambio ante las Autoridades Aduaneras para que los identifiquen.

Sección Octava. Empresas de Mensajería y Paquetería

Artículo 38. Para efectos del artículo 20, fracción VII de la Ley, las empresas de mensajería y paquetería que transporten Mercancías que ingresen o salgan del territorio nacional por cualquier medio de transporte, deberán transmitir al SAT, a través del Sistema Electrónico Aduanero, el manifiesto de carga, el cual deberá contener:

I. Número e información del conocimiento de embarque, lista de empaque, guía o demás documentos de transporte, según corresponda, de la Mercancía que despachará;

II. Nombre y dirección del consignatario o remitente;

III. Descripción de la Mercancía;

IV. Valor y origen de la Mercancía, y

V. Los demás datos que señale el SAT mediante Reglas.

Sección Novena. Otros Medios de Conducción

Artículo 39. Quienes pretendan introducir o extraer Mercancías del territorio nacional por tuberías, ductos, cables u otros medios susceptibles de conducirlas, deberán obtener autorización previa del SAT.

Podrán obtener la autorización a que se refiere el párrafo anterior, cuando se trate de personas morales éstas deberán estar constituidas conforme a las leyes mexicanas, que se encuentren al corriente en el cumplimiento de sus obligaciones fiscales y acrediten el legal uso de los medios que se utilizarán para conducir las Mercancías objeto de la solicitud, así como el cumplimiento de los demás requisitos que establezca el SAT mediante Reglas.

La autorización comprenderá:

I. La clase de Mercancías y el medio de conducción empleado para la importación y exportación de que se trate;

II. El lugar o lugares en que se ubicará la entrada o salida del país de las Mercancías y, en su caso, la conexión con otros medios de transporte;

III. Los tipos de medidores que se utilizarán o los sistemas de medición de las Mercancías, señalando en cualquiera de los dos casos el nombre y clave del registro federal de contribuyentes de su propietario y éstos deberán estar localizados en territorio nacional, y

IV. El plazo de vigencia de la autorización que podrá ser de hasta tres años o por el que el solicitante acredite el legal uso de los medios que se utilizarán para conducir la Mercancía, cuando sea menor a tres años.

La vigencia de la autorización a que se refiere la fracción IV del párrafo anterior podrá prorrogarse a solicitud del interesado, hasta por un plazo igual al otorgado, siempre que la solicitud se presente, cuando menos, sesenta días antes del vencimiento de la autorización, se acredite el cumplimiento de los requisitos señalados para el otorgamiento de la misma al momento de la presentación de la solicitud de prórroga, y se encuentre al corriente en el cumplimiento de las obligaciones inherentes a la autorización.

En ningún caso, el plazo de la autorización y de la prórroga, será mayor a aquél por el que el autorizado acredite la legal posesión de los medios que se utilizarán para conducir a la entrada o salida del territorio nacional las Mercancías.

El SAT cancelará la autorización, además de lo establecido en el artículo 144-A de la Ley, cuando se dejen de cumplir los requisitos señalados para el otorgamiento de la autorización, o bien, incumplan con las obligaciones inherentes a la misma previstas en la Ley, este Reglamento y la autorización.

Capítulo II. Carga, Descarga y Transbordo de Mercancías

Sección Primera. Carga y Descarga de Mercancías

Artículo 40. El capitán o agente naviero general o agente naviero consignatario de buques con carga en tráfico marítimo de altura entregará al personal encargado del recinto fiscal o fiscalizado y a la Autoridad Aduanera, antes de iniciarse las maniobras de descarga, una relación que expresará las marcas en orden alfabético, los números, cantidad y clase de los bultos, así como los números del conocimiento de embarque que los ampare. La relación deberá señalar el nombre, clase, bandera y fecha de arribo de la embarcación y se elaborará de manera separada por cada manifiesto o documento que amparen los bultos que vayan a ser descargados.

La información de la relación a que se refiere el párrafo anterior, se deberá transmitir a la Autoridad Aduanera, a través del Sistema Electrónico Aduanero, mediante Documento Electrónico o Digital.

Artículo 41. Se consideran terminadas las maniobras de:

I. Carga:

a) En tráfico marítimo o fluvial, cuando hayan puesto a bordo todas las Mercancías amparadas por los manifiestos y sobordos correspondientes;

b) En tráfico aéreo cuando hayan puesto a bordo de la aeronave todas las Mercancías amparadas por la guía aérea correspondiente;

c) En tráfico ferroviario, cuando hayan puesto a bordo del carro de ferrocarril todas las Mercancías amparadas por el manifiesto de carga y la lista de intercambio correspondiente, y

d) En tráfico terrestre, cuando hayan puesto a bordo del vehículo todas las Mercancías amparadas por la carta de porte correspondiente.

II. Descarga:

a) En tráfico marítimo o fluvial, cuando hayan entregado al personal encargado del recinto fiscal o fiscalizado las Mercancías amparadas por los manifiestos y sobordos correspondientes;

b) En tráfico aéreo cuando hayan entregado al personal encargado del recinto fiscal o fiscalizado las Mercancías amparadas por la guía aérea correspondiente;

c) En tráfico terrestre, desde la fecha de entrada de las Mercancías al país, si no se hizo la descarga, y

d) En tráfico ferroviario, desde la fecha de entrada de las Mercancías al país, si no se hizo la descarga.

La carga y descarga de Mercancías de comercio exterior podrá realizarse simultáneamente.

Artículo 42. Para efectos de los artículos 36, 36-A, 37, 37-A y 43 de la Ley, se podrá efectuar la consolidación de carga de importaciones y exportaciones temporales y definitivas, retornos, depósito fiscal, recinto fiscalizado estratégico y tránsito interno de Mercancías de uno o más exportadores o importadores, contenidas en un mismo vehículo, amparadas por varios Pedimentos o Avisos Consolidados de importación y de exportación, conforme a los requisitos y procedimiento que señale el SAT mediante Reglas.

Sección Segunda. Transbordo de Mercancías

Artículo 43. Para efectos del artículo 13 de la Ley, el transbordo consiste en la descarga de Mercancías de una aeronave o embarcación para ser cargadas en otra aeronave o embarcación, el cual se podrá efectuar:

I. En forma directa, al arribo de la embarcación o aeronave al primer puerto con servicios aduanales o aeropuerto internacional en territorio nacional, para su posterior carga en otra embarcación o aeronave con destino a otro puerto con servicios aduanales o aeropuerto internacional en territorio nacional o en el extranjero, sin que se requiera depositar dichas Mercancías ante la aduana, y

II. Previo depósito ante la aduana, mediante el ingreso de las Mercancías ante el recinto fiscal o fiscalizado, para su posterior carga en otra embarcación o aeronave con destino a otro puerto con servicios aduanales o aeropuerto internacional en territorio nacional o en el extranjero.

Artículo 44. Para efectos del artículo 13 de la Ley, las maniobras de transbordo a que se refiere el artículo 43 de este Reglamento, se sujetarán al procedimiento que establezca el SAT mediante Reglas, cumpliendo con lo siguiente:

I. Se deberá presentar aviso al administrador de la aduana;

II. Se realizará bajo la vigilancia de la Autoridad Aduanera, y

III. Se deberán marcar las Mercancías objeto de transbordo con los medios de identificación que señale el SAT.

Los transbordos a que se refiere este artículo se harán bajo la responsabilidad de la empresa transportista, quien será responsable de los créditos fiscales que se causen en el supuesto de Mercancía faltante.

Artículo 45. Para efectos del transbordo en tráfico marítimo o aéreo se podrán consolidar diferentes conocimientos de embarque o guías aéreas que amparen

Mercancías destinadas a un solo puerto con servicios aduanales o aeropuerto internacional.

Sección Tercera. Accidentes

Artículo 46. Las Mercancías de comercio exterior provenientes de salvamento quedarán a disposición de las autoridades competentes, pero bajo custodia de la Autoridad Aduanera hasta en tanto se autorice su reembarque o retiro, en atención a la resolución que aquéllas dicten.

Las Mercancías de procedencia extranjera provenientes de salvamento podrán destinarse al régimen aduanero que designe el interesado.

Artículo 47. El aviso a que se refiere el artículo 12 de la Ley puede hacerse ante la Autoridad Aduanera de la localidad y, de no haberla, ante cualquier autoridad del SAT.

Las autoridades a que se refiere el párrafo anterior que reciban la información levantarán acta circunstanciada de los hechos relatados, precisando la ubicación del accidente y, en su caso, haciendo constar el recibo pormenorizado de las Mercancías.

Se consideran como accidentes marítimos los que señale la Ley de Navegación y Comercio Marítimos.

Capítulo III. Depósito ante la Aduana

Sección Primera. Disposiciones Generales

Artículo 48. Para efectos de los artículos 14 y 15, fracción III de la Ley, la entrada o salida de Mercancías de los lugares destinados a su depósito ante la aduana se comprobará con la constancia que acredite su recibo o su entrega, respectivamente, por el recinto fiscal o fiscalizado, así como con su registro en el control de inventarios enlazado con el SAT.

Artículo 49. La toma de muestras y el examen de Mercancías a que se refiere el artículo 25 de la Ley, procederá previa solicitud justificada del interesado, en cuyo caso, el encargado del recinto fiscal o fiscalizado vigilará la operación.

En estos casos, para la salida de las muestras del recinto fiscal o fiscalizado, no se requerirá presentar Pedimento, siempre que las muestras autorizadas sean incluidas en el Pedimento que corresponda al resto de las Mercancías de comercio exterior de que se trate, conforme a las Reglas que al efecto emita el SAT.

Artículo 50. Tratándose de las Mercancías que se encuentren en depósito ante la aduana, la Autoridad Aduanera podrá autorizar, previa solicitud del interesado, la prórroga de los plazos establecidos en el artículo 29, fracción II, incisos a) y c) de la Ley hasta por diez días, siempre que dicha autorización se solicite con anterioridad al vencimiento del plazo.

Artículo 51. Para evitar el deterioro de las Mercancías que se encuentren en depósito ante la aduana, la Autoridad Aduanera podrá ordenar de oficio o autorizar, a solicitud del interesado, que se realicen maniobras para su conservación. Se cuidará que el contenido de cada bulto no sufra modificación y, en su caso, que los nuevos envases queden marcados y numerados en la misma forma que los primeros.

Artículo 52. Para efectos del artículo 29, fracción II de la Ley, los plazos de abandono de las Mercancías se suspenderán, cuando en ejercicio de sus facultades, una autoridad distinta de la Autoridad Aduanera impida su movilización quedando sujeta a su mandato, con independencia de las atribuciones que correspondan a las Autoridades Aduaneras.

Dicha suspensión quedará sin efectos, una vez que la autoridad comunique por escrito a la Autoridad Aduanera y al interesado su liberación, supuesto en el que continuarán los plazos para que proceda el abandono en favor del Fisco Federal.

Sección Segunda. Recintos Fiscalizados

Artículo 53. Las concesiones a que se refiere el artículo 14, tercer párrafo de la Ley, se otorgarán mediante licitación, conforme a lo siguiente:

I. El SAT expedirá la convocatoria pública correspondiente para que, en un plazo de hasta dos meses, se presenten proposiciones en sobres cerrados, que serán abiertos el día que señale dicha convocatoria y en presencia de todos los participantes que hayan asistido;

II. La convocatoria se publicará simultáneamente en el Diario Oficial de la Federación, en un periódico de amplia circulación nacional y en otro de la entidad federativa que corresponda;

III. Las bases de la licitación incluirán los criterios con los que se seleccionará al ganador tomando en cuenta la calidad del servicio que se propone, las inversiones comprometidas, los volúmenes de operación, los precios y tarifas para el usuario y las demás condiciones que se consideren convenientes para la prestación del servicio;

IV. Los participantes deberán acreditar su solvencia moral, económica, capacidad técnica, administrativa y financiera, en términos de los requisitos que para tales efectos establezca el SAT;

V. El SAT, con base en el análisis comparativo de las proposiciones admitidas, emitirá el fallo debidamente fundado y motivado, el cual será dado a conocer a todos los participantes.

La proposición ganadora estará a disposición de los participantes durante diez días a partir de que se haya dado a conocer el fallo;

VI. Dentro de los quince días siguientes al término del plazo señalado en la fracción anterior, los participantes podrán inconformarse ante el SAT, en términos del procedimiento que al efecto se establezca en la propia convocatoria la cual deberá considerar al menos las siguientes condiciones:

    a) La inconformidad se presentará por escrito, con sus pruebas y alegatos, ante la Autoridad Aduanera que llevó a cabo el proceso de licitación;

    b) En la inconformidad se admitirán toda clase de pruebas, excepto la confesional de las autoridades. No se considerará comprendida en esta prohibición la petición de informes a las autoridades administrativas, respecto de hechos que consten en sus expedientes o de documentos agregados a ellos;

c) Cuando no se acompañe alguna de las pruebas ofrecidas, la Autoridad Aduanera requerirá al inconforme para que la presente dentro del término de cinco días, contado a partir del día siguiente en que surta efectos la notificación del requerimiento respectivo, si no las presenta dentro de dicho plazo, las mismas se tendrán por no ofrecidas;

d) La Autoridad Aduanera podrá allegarse de los medios de prueba que considere necesarios, y acordará sobre la admisión de las pruebas ofrecidas, dentro de los diez días hábiles siguientes a aquél en que se hubieren recibido. Sólo podrá desechar las pruebas cuando no fuesen ofrecidas conforme a derecho, no tengan relación con el fondo del asunto, sean innecesarias o contrarias a la moral;

e) El desahogo de las pruebas ofrecidas y admitidas se realizará dentro de un plazo no menor a cinco días ni mayor de quince días, contado a partir de su admisión. Si se ofreciesen pruebas que ameriten ulterior desahogo, se concederá al interesado un plazo no menor de ocho días ni mayor de quince días para tal efecto;

f) Las pruebas supervenientes podrán presentarse siempre que no se haya emitido la resolución definitiva, y

g) Concluido el desahogo de pruebas, se emitirá resolución en un plazo de cinco días, y

VII. Una vez dictada la resolución, en su caso, se adjudicará la concesión y el título respectivo se publicará en el Diario Oficial de la Federación a costa del concesionario.

No se adjudicará la concesión cuando la o las proposiciones presentadas no cumplan con las bases del concurso. En este caso, se declarará desierto el concurso y se procederá a expedir una nueva convocatoria.

Artículo 54. Para efectos del artículo 15, fracción I de la Ley, tratándose del primer año de operación, el monto de la garantía del interés fiscal se determinará de la siguiente forma:

I. En caso de que el recinto hubiera estado ocupado con anterioridad, se tomará como base el monto registrado durante el último año de operación de dicho recinto, o

II. Si el recinto es de nueva creación la garantía deberá ser equivalente al diez por ciento del monto de su programa de inversión.

Los autorizados o concesionarios deberán presentar al SAT dentro de los treinta días siguientes a la notificación de la autorización o concesión, la póliza de fianza o el contrato de seguro por la cantidad correspondiente.

Artículo 55. Para efectos de lo dispuesto en el artículo 15, fracción V de la Ley, tratándose de importaciones que se realicen por tráfico aéreo o marítimo, el concesionario o autorizado deberá comunicar al consignatario o destinatario de las Mercancías, el ingreso de las mismas al recinto fiscalizado.

La comunicación realizada al importador, su representante legal, agente aduanal, consolidador o desconsolidador, se hará en el domicilio que dichas personas hayan registrado ante la aduana de despacho para oír y recibir notificaciones, y se entenderá efectuada al día siguiente al de la fecha en que conste la recepción del documento.

La comunicación a que se refiere este artículo deberá efectuarse personalmente, por correo certificado con acuse de recibo o por empresas de mensajería con acuse de recibo certificado. Asimismo, los concesionarios o autorizados podrán llevar a cabo la comunicación por correo electrónico cuando así lo hayan convenido previamente y reciban por parte del consignatario o destinatario de las Mercancías la confirmación de recepción del correo, en un plazo de tres días contado a partir del envío de dicho correo. En caso de que no se cuente con los datos necesarios para llevar a cabo la comunicación, o de no confirmarse la recepción del correo electrónico en el plazo señalado, ésta se efectuará por estrados en la aduana correspondiente.

En el ejercicio de sus facultades de comprobación, la Autoridad Aduanera podrá requerir los comunicados de ingreso de las Mercancías a recinto fiscalizado y los acuses de recibido respectivos.

Sección Tercera. Destrucción y Extravío de Mercancías

Artículo 56. Cuando las Mercancías en depósito ante la aduana se destruyan por accidente, se deberá informar dentro de los tres días posteriores de ocurrido el accidente, de conformidad con lo siguiente:

I. Si el accidente ocurre en un recinto fiscal, la Autoridad Aduanera deberá notificar personalmente al consignatario de la Mercancía o a su representante designado, por correo certificado con acuse de recibo o por empresa de mensajería con acuse de recibo certificado, salvo que el consignatario o su representante haya manifestado expresamente su conformidad para que, en caso de ocurrir esta situación, la notificación se efectúe a través de medios de comunicación electrónica, de conformidad con la Ley, y

II. Si el accidente ocurre en un recinto fiscalizado, el autorizado o concesionario deberá comunicar al consignatario de la Mercancía o a su representante designado, de conformidad con lo previsto en la fracción anterior. Adicionalmente se deberá comunicar a la Autoridad Aduanera dentro de las veinticuatro horas siguientes al accidente.

Artículo 57. Cuando las Mercancías en depósito ante la aduana estén o se presuma que se encuentran en estado de descomposición, la Autoridad Aduanera podrá ordenar su destrucción. Si las Mercancías se encuentran en un recinto fiscalizado, el concesionario o autorizado deberá avisar a la Autoridad Aduanera de conformidad con lo dispuesto en el artículo 142 de este Reglamento.

Tratándose de bebidas, comestibles o medicinas importadas, se requerirá la intervención de la autoridad competente para que determine si procede la destrucción. Cuando el interesado solicite que le sean entregadas total o parcialmente las Mercancías, la Autoridad Aduanera procederá de acuerdo con la resolución de la autoridad competente y, en su caso, se despacharán las que se entreguen.

El procedimiento a que se refiere el párrafo anterior, se seguirá en los casos de exportación, pero por ningún motivo se permitirá la salida del país de las Mercancías que la autoridad competente determine que se encuentran en proceso o estado de descomposición.

En los casos a que se refiere este artículo, previo a la destrucción, se notificará al interesado personalmente, por correo certificado con acuse de recibo o por empresa de mensajería con acuse de recibo certificado, salvo que el interesado haya manifestado expresamente su conformidad para que, en este supuesto, la notificación se efectúe, a través de medios de comunicación electrónica de conformidad con la Ley, el lugar, fecha y hora en que se llevará a cabo la destrucción, para que manifieste lo que a su derecho convenga y asista al acto. De no acudir, se le tendrá por conforme. En la destrucción intervendrán las autoridades competentes en materia de vigilancia de fondos y valores, levantándose acta circunstanciada que firmarán los que en ella intervengan.

Artículo 58. Cuando se trate de Mercancías extraviadas en recintos fiscales, los interesados podrán solicitar mediante promoción ante la Autoridad Aduanera el pago del valor de las Mercancías anexando lo siguiente:

I. El comprobante del recinto fiscal expedido cuando las Mercancías ingresaron al mismo o, en su caso, las pruebas que considere pertinentes para acreditar que las Mercancías se encontraban en el recinto fiscal y bajo custodia de las Autoridades Aduaneras en el momento del extravío;

II. El documento en el que conste la solicitud de entrega de las Mercancías y, en su caso, el de respuesta por parte de la Autoridad Aduanera de que las Mercancías se extraviaron, y

III. La factura o documento de transporte que indique el valor de las Mercancías extraviadas.

Artículo 59. Cuando las Mercancías extraviadas aparezcan antes de que se hubiera efectuado el pago de su valor, la Autoridad Aduanera que haya conocido de la solicitud, notificará al interesado a efecto de que éste elija entre la devolución de dichas Mercancías o el pago del valor de las mismas, debiendo quedar constancia de esta circunstancia en el expediente administrativo correspondiente.

Artículo 60. Para determinar el valor de las Mercancías al momento de su entrada al recinto fiscal, se estará al valor consignado en la factura o documento de transporte. El reporte que emita el recinto fiscal deberá coincidir en el número de piezas, volumen, descripción, naturaleza, origen y demás datos que permitan cuantificar la Mercancía con lo que señale el solicitante. Para poder determinar cuáles Mercancías fueron las que se extraviaron en un recinto fiscal, la autoridad competente que conozca de la solicitud deberá requerir la información a la aduana en donde se hayan extraviado las Mercancías.

Artículo 61. Cuando proceda el pago del valor de las Mercancías que se extraviaron en recintos fiscales, se actualizará el valor que corresponda a las mismas, desde la fecha en que la Mercancía ingresó en depósito ante la aduana hasta la fecha en que se dicte la resolución correspondiente, de conformidad con el artículo 17-A del Código

Fiscal de la Federación. Se considerará que las Mercancías quedaron en depósito ante la aduana desde la fecha en que ingresaron al recinto fiscal.

En la resolución que se dicte, se deberá precisar los datos relativos a la fecha del escrito de solicitud, la descripción de las Mercancías, su valor de acuerdo a las facturas o documento de transporte presentado, la cantidad total que corresponda a las Mercancías, su actualización correspondiente, así como el monto total a pagar.

Dicha resolución se deberá notificar personalmente al particular y se deberá remitir una copia autógrafa de la misma a la autoridad competente, acompañada de los documentos en los que se acredite el extravío de las Mercancías en un recinto fiscal y bajo custodia de las Autoridades Aduaneras.

Sección Cuarta. Indemnización por Enajenación, Donación o Destrucción de Mercancías

Artículo 62. Para efectos del artículo 32, penúltimo párrafo de la Ley, las personas que presten los servicios señalados en el artículo 14 de la Ley deberán presentar el aviso de destrucción ante la aduana en cuya circunscripción territorial se encuentre el recinto fiscalizado, con cinco días de anticipación a que se lleve a cabo la misma.

Efectuada la destrucción a que se refiere el párrafo anterior se deberá levantar el acta de hechos en la que se hará constar la descripción de la Mercancía destruida y el procedimiento que se realizó para su destrucción. Dicha acta será levantada por personal adscrito a la aduana que corresponda al lugar donde se encuentren las Mercancías o, en su ausencia, por el personal del recinto fiscalizado, de conformidad con las Reglas que para tal efecto emita el SAT.

En términos del artículo 26, fracción III de la Ley, los recintos fiscalizados autorizados también deberán presentar el aviso de destrucción levantado las actas a que se refiere el presente artículo.

Artículo 63. Para efectos de lo dispuesto por el artículo 34 de la Ley, los interesados deberán presentar solicitud de indemnización, anexando la siguiente documentación:

I. Factura, o documento de transporte, que ampare el valor de las Mercancías;

II. Documento con el cual se acredite la propiedad de las Mercancías, y

III. Comprobante del recinto fiscal expedido cuando las Mercancías ingresaron al mismo.

Cuando proceda la devolución del valor de las Mercancías a que se refiere este artículo, se deberá actualizar dicho valor, desde la fecha en que se efectuó la venta o donación del bien que corresponda hasta la fecha en que se dicte la resolución por parte de la Autoridad Aduanera de la procedencia de la devolución, de conformidad con lo dispuesto en el artículo 17-A del Código Fiscal de la Federación.

La indemnización consistirá en entregar al interesado el valor de las Mercancías objeto de la venta o donación, de conformidad con los documentos a que se refiere la fracción I de este artículo, después de que se descuenten los gastos que se originaron con motivo de la disposición de las Mercancías, tales como los derivados por la venta, transporte, manejo, custodia y almacenaje.

24

Capítulo IV. Despacho de las Mercancías

Sección Primera. Pedimento

Artículo 64. Cuando en términos de la Ley, se deba presentar ante las Autoridades Aduaneras una impresión del Pedimento, del Aviso Consolidado o de algún otro documento para el despacho aduanero de las Mercancías y la activación del Mecanismo de Selección Automatizado, se dará por cumplida dicha obligación cuando la Autoridad Aduanera valide que la información electrónica de la operación se transmitió y se cumplió con lo señalado en el artículo 35 de la Ley, sin que se tenga que presentar la impresión respectiva.

Artículo 65. En un Pedimento sólo pueden manifestarse Mercancías de importación para un mismo destinatario y para un mismo régimen, aunque estén amparadas por diferentes documentos de origen.

Los interesados podrán subdividir en varios Pedimentos las Mercancías que ampare una factura comercial conforme al tráfico de que se trate o un documento de transporte.

En el primer Pedimento se expresará que la cantidad de Mercancías que amparen los documentos originales fue subdividida, y en los subsecuentes se mencionará número y fecha de la primera operación.

Artículo 66. Para efectos del artículo 36, segundo párrafo de la Ley, el código de aceptación que genere el Sistema Electrónico Aduanero no implica que la Autoridad Aduanera se pronuncie sobre la veracidad de lo declarado en el Pedimento ni limita las facultades de comprobación de la Autoridad Aduanera.

Artículo 67. Para efectos de los artículos 36-A, fracción I, segundo párrafo y 59-A de la Ley, los obligados a proporcionar la identificación individual de las Mercancías materia de despacho aduanero, podrán transmitir en Documento Digital la información respectiva, debiendo manifestar en el Pedimento el acuse que al efecto genere el Sistema Electrónico Aduanero.

Sección Segunda. Despacho Directo

Artículo 68. Quienes promuevan el despacho aduanero de las Mercancías sin la intervención de un agente aduanal, deberán cumplir, además de los requisitos exigidos en el artículo 59-B de la Ley, con lo siguiente:

I. Manifestar a las Autoridades Aduaneras el domicilio para oír y recibir notificaciones, y dar aviso a las mismas de su cambio;

II. Contar con firma electrónica avanzada o sello digital vigente;

III. Formar un archivo electrónico de cada uno de los Pedimentos o Avisos Consolidados con la información transmitida y presentada en mensaje o Documento Electrónico o Digital, así como de sus anexos conforme a los artículos 6o., 36, 36-A, 37 y 37-A de la Ley;

IV. Conservar el original de la manifestación de valor a que se refiere el artículo 59, fracción III de la Ley, y

V. Acreditar el monto de su capital social o el volumen o monto de las importaciones o exportaciones que hubiera realizado en ejercicios anteriores a la solicitud de la asignación del número de autorización para transmitir Pedimentos a través del Sistema Electrónico Aduanero, conforme a las disposiciones jurídicas aplicables.

Artículo 69. Son derechos de quienes promuevan el despacho aduanero de las Mercancías sin la intervención de agente aduanal, los siguientes:

I. Solicitar al SAT la asignación de un número de autorización para transmitir Pedimentos a través del Sistema Electrónico Aduanero;

II. Acreditar y revocar a sus representantes legales ante el SAT;

III. Autorizar y revocar a terceros para que los auxilien en los actos del despacho aduanero y del Reconocimiento Aduanero, y

IV. Designar las aduanas en las que se pretendan despachar las Mercancías.

Sección Tercera. Reconocimiento Aduanero

Artículo 70. Para efectos del artículo 43 de la Ley, el Reconocimiento Aduanero de las Mercancías deberá hacerse en orden cronológico de presentación de los Pedimentos o solicitudes relativos ante el Mecanismo de Selección Automatizado; sin embargo, tiene prioridad el de materias explosivas, inflamables, corrosivas, contaminantes, radiactivas, perecederas o de fácil descomposición y de animales vivos.

Artículo 71. Para efectos del artículo 45 de la Ley, se consideran Mercancías que requieren instalaciones o equipos especiales, aquéllas cuya apertura del envase o empaque que las contenga y la exposición a las condiciones ambientales, les ocasione daño o inutilización para los fines que fueron concebidas.

Artículo 72. Para efectos del artículo 45, primer párrafo de la Ley, la muestra deberá estar contenida en un recipiente debidamente empacado y sellado, con el nombre y firma de cualquiera de las siguientes personas: el importador, exportador, representante legal o sus auxiliares, agente aduanal, mandatario, empleado o dependiente autorizado. Asimismo, deberá anexar promoción que contenga lo siguiente:

I. La fecha y el lugar donde se realizó la toma de muestra;

II. El nombre, descripción e información técnica suficiente para la identificación de las Mercancías;

III. La fracción arancelaria que corresponda a la Mercancía;

IV. El destino y uso de la Mercancía, y

V. El número de Pedimento o Aviso Consolidado que ampara las Mercancías.

Artículo 73. Para efectos del artículo 45, segundo párrafo de la Ley, los importadores o exportadores interesados en obtener la inscripción en el registro podrán presentar solicitud mediante el formato que para tal efecto establezca el SAT mediante Reglas, acompañando la muestra de la Mercancía que pretendan importar o exportar, cumpliendo con el artículo 72, con excepción de la fracción V de este Reglamento.

La Autoridad Aduanera realizará el análisis de la muestra con el objeto de identificar la Mercancía y comprobar que ésta esté correctamente declarada, para lo cual emitirá un dictamen técnico y si éste coincide con los datos proporcionados por el solicitante, notificará al interesado el número de Mercancía que lo identifica como inscrito en el registro. Este número deberá señalarse en el Pedimento o Aviso Consolidado cada vez que se registre una operación de comercio exterior con esta Mercancía. El dictamen técnico deberá emitirse en un plazo de un mes contado a partir de que se hayan cumplido todos los requisitos y se haya acreditado el pago de los derechos de análisis de laboratorios a que se refiere la Ley Federal de Derechos.

Transcurrido el plazo de un mes sin que la Autoridad Aduanera emita el dictamen técnico correspondiente, se tendrá por inscrita la Mercancía en el registro por lo que el solicitante podrá considerar que la clasificación arancelaria de su Mercancía es correcta.

El registro que se otorgue en términos de este artículo tendrá una vigencia de un año, plazo que podrá renovarse por un periodo igual, siempre que se solicite cuando menos, cuarenta y cinco días anteriores a su vencimiento. En el caso de que los importadores o exportadores no presenten la solicitud de renovación de su registro en el plazo otorgado, no procederá su autorización y, en su caso, se deberá solicitar nuevamente la inscripción correspondiente.

El SAT mediante Reglas señalará las Mercancías peligrosas o que requieran instalaciones o equipos especiales para su muestreo, identificándolas por la fracción arancelaria en la que se clasifiquen.

Artículo 74. La Autoridad Aduanera durante el Reconocimiento Aduanero podrá ordenar y practicar la toma de muestras, inclusive de aquellas Mercancías que se encuentren inscritas en el registro a que se refiere el segundo párrafo del artículo 45 de la Ley, lo cual podrá llevarse a cabo con el apoyo de terceros especializados.

Artículo 75. Cuando con motivo del Reconocimiento Aduanero, verificación de Mercancías en transporte o visita domiciliaria, sea necesaria la toma de muestras de las Mercancías a fin de identificar su composición cualitativa o cuantitativa, uso, proceso de obtención o características físicas, dicha toma se sujetará al siguiente procedimiento:

I. Se tomarán por triplicado, salvo que esto no sea posible por la naturaleza o volumen presentado de las Mercancías. Un ejemplar se enviará a la Autoridad Aduanera competente para su análisis, otro quedará bajo custodia de la Autoridad Aduanera que haya tomado la muestra y el tercer ejemplar será entregado al importador, exportador, representante legal o sus auxiliares, agente aduanal, mandatario, dependiente o empleado autorizado; estos dos últimos ejemplares deberán ser conservados hasta que se determine lo procedente por la Autoridad Aduanera;

II. Todos los ejemplares de las muestras deben ser idénticos, y si existieran variedades de la misma Mercancía, se tomarán muestras de cada una de ellas;

III. La Autoridad Aduanera asignará el número de registro que corresponda a las muestras;

IV. Cada uno de los recipientes que contengan las muestras tomadas deberán tener los datos relativos a la Mercancía y operación de que se trate. En todo caso, deberán contener los siguientes datos: número de muestra asignado, nombre de la Mercancía, número de Pedimento o Aviso Consolidado y la fracción arancelaria declarada. Dichos recipientes deben resguardarse en sobres, bolsas o algún otro recipiente debidamente acondicionado y sellado, debiendo registrarse además de los datos antes mencionados, los nombres y firmas de quienes hubiesen intervenido en el Reconocimiento Aduanero, y

V. Se levantará acta de muestreo.

Las muestras o sus restos que no se recojan después de haber sido resueltos los asuntos que requirieron el muestreo, causarán abandono en el término previsto por el inciso c) de la fracción II del artículo 29 de la Ley.

Artículo 76. La Autoridad Aduanera podrá constatar los resultados del proceso industrial, tomar fotografías, recabar diseños industriales, folletos, catálogos e informes a fin de determinar las características de la Mercancía sujeta a Reconocimiento Aduanero.

En cada diseño, fotografía, folleto o catálogo se asentarán los datos que sirvan para referirlo al Pedimento o solicitud que corresponda, y se marcarán con precisión las Mercancías afectadas.

En casos distintos al despacho aduanero, se estará a lo dispuesto por el Código Fiscal de la Federación o, supletoriamente, por el Código Federal de Procedimientos Civiles.

TÍTULO TERCERO. CONTRIBUCIONES, CUOTAS COMPENSATORIAS Y DEMÁS REGULACIONES Y RESTRICCIONES NO ARANCELARIAS AL COMERCIO EXTERIOR

Capítulo I. Contribuyentes, Responsables y Padrones

Sección Primera. Contribuyentes y otros Responsables

Artículo 77. Para efectos del artículo 6o., último párrafo de la Ley, los contribuyentes, responsables solidarios y terceros con ellos relacionados, deberán poner a disposición de la Autoridad Aduanera cuando lo requiera, la documentación relacionada con las operaciones de comercio exterior, incluso para cotejo o compulsa con la información transmitida en Documento Electrónico o Digital.

Artículo 78. Para efectos de los artículos 40 y 54, segundo párrafo, fracción IV de la Ley, los agentes aduanales que actúen como consignatarios o mandatarios de los importadores y exportadores, así como los representantes legales de estos últimos, quedarán relevados de la responsabilidad respecto del país de origen declarado en el Pedimento, tratándose de la importación de Mercancías idénticas o similares a aquéllas por las que deba pagarse una cuota compensatoria, siempre que conserven copia del certificado de país de origen o de los demás documentos comprobatorios de origen que establezcan las disposiciones jurídicas aplicables, y verifiquen que:

I. Las marcas y etiquetas de las Mercancías, así como de sus empaques, correspondan a las Mercancías descritas o amparadas en los mencionados documentos;

II. Los documentos a que se refiere este artículo, hayan sido expedidos por la persona o entidad que corresponda, de conformidad con lo previsto en las disposiciones jurídicas aplicables en materia de certificación del país de origen;

III. Los documentos contengan la información que se señala en las disposiciones jurídicas aplicables en materia de certificación de país de origen y sean llenados, en su caso, de conformidad con los instructivos establecidos para tales efectos;

IV. La clasificación arancelaria anotada en el Pedimento respectivo, a nivel de subpartida en la nomenclatura sea la que les corresponda a las Mercancías amparadas por los documentos relativos a su origen, conforme a la tarifa de la Ley de los Impuestos Generales de Importación y de Exportación;

V. Las Mercancías sean susceptibles de ser consideradas como originarias del país que se señala en los respectivos documentos, conforme a las reglas de origen y criterios manifestados en los mismos;

VI. Los datos asentados en los documentos comprobatorios del origen de las Mercancías correspondan con los señalados en la factura, documento de transporte, Pedimento o cualquier otro documento utilizado para amparar la importación, y

VII. En el caso de certificados de país de origen, los sellos y los datos anotados en el propio certificado, correspondan razonablemente a los autorizados, de acuerdo a los que están a disposición para su consulta en la Secretaría de Economía.

Artículo 79. Para efectos del artículo 59, fracción I de la Ley, los contribuyentes que importen Mercancías podrán cumplir con la obligación de llevar un sistema de control de inventarios registrado en contabilidad que permita distinguir las Mercancías nacionales de las extranjeras, a través del registro de sus operaciones con equipos electrónicos de registro fiscal autorizados por el SAT o llevando un control de inventarios con el método de detallistas y sólo cuando realicen operaciones con el público en general.

Artículo 80. Para efectos de lo dispuesto en el artículo 59, fracción II de la Ley, en el caso de la importación de Mercancías bajo trato arancelario preferencial al amparo de algún tratado internacional del que México sea parte, el importador conservará el original del certificado de origen válido que ampare las Mercancías importadas, así como de los demás documentos que en los tratados internacionales se establezcan para la obtención del trato arancelario preferencial, excepto cuando dichos documentos hubieran sido emitidos para varios importadores, en cuyo caso, los importadores deberán conservar una copia de los mismos.

Artículo 81. Para efectos de lo dispuesto en el artículo 59, fracción III, primer párrafo de la Ley, los elementos que el importador deberá proporcionar anexo a la manifestación de valor son los siguientes documentos:

I. Factura comercial;

II. El conocimiento de embarque, lista de empaque, guía aérea o demás documentos de transporte;

III. El que compruebe el origen cuando corresponda, y de la procedencia de las Mercancías;

IV. En el que conste la garantía a que se refiere el inciso e), fracción I del artículo 36-A de la Ley;

V. En el que conste el pago de las Mercancías, tales como la transferencia electrónica del pago o carta de crédito;

VI. El relativo a los gastos de transporte, seguros y gastos conexos que correspondan a la operación de que se trate;

VII. Contratos relacionados con la transacción de la Mercancía objeto de la operación;

VIII. Los que soporten los conceptos incrementables a que se refiere el artículo 65 de la Ley, y

IX. Cualquier otra información y documentación necesaria para la determinación de valor en aduana de la Mercancía de que se trate.

Sección Segunda. Padrón de Importadores e Importadores de Sectores Específicos

Artículo 82. Para inscribirse en el Padrón de Importadores a que se refiere el artículo 59, fracción IV de la Ley, los interesados deberán presentar ante la Autoridad Aduanera solicitud cumpliendo con los siguientes requisitos:

I. Estar inscrito y activo en el registro federal de contribuyentes;

II. Contar con firma electrónica avanzada vigente;

III. Presentar la constancia de cumplimiento de las obligaciones fiscales, prevista en el artículo 32-D del Código Fiscal de la Federación, y

IV. Los demás requisitos establecidos en las Reglas que al efecto emita el SAT.

Para inscribirse en el Padrón de Importadores de Sectores Específicos, además de cumplir con lo previsto en el párrafo anterior, deberán:

I. Estar inscrito y activo en el Padrón de Importadores, y

II. Acreditar los requisitos y anexar los documentos que señale el SAT mediante Reglas, según se trate, del sector específico solicitado.

La autoridad aduanera resolverá la solicitud de inscripción en el Padrón de Importadores y en el Padrón de Importadores de Sectores Específicos en un plazo de diez días contado a partir del día siguiente al de la recepción de la solicitud respectiva.

Artículo 83. Las dependencias y entidades de la Administración Pública Federal, las empresas productivas del Estado, sus subsidiarias o filiales, los Poderes Legislativo y Judicial de la Federación, las entidades federativas y municipios, en la calidad de importadores, podrán inscribirse en el Padrón de Importadores cumpliendo con los requisitos que se establezcan en las Reglas que al efecto emita el SAT.

Artículo 84. Procede la suspensión en el Padrón de Importadores y en el Padrón de Importadores de Sectores Específicos, en los siguientes casos:

I. Cuando el contribuyente presente irregularidades o inconsistencias en el registro federal de contribuyentes;

II. Cuando los contribuyentes al fusionarse o escindirse, desaparezcan del registro federal de contribuyentes;

III. Cuando el contribuyente cambie su denominación o razón social y no actualice su situación en el Padrón de Importadores;

IV. Por resolución firme, que determine que el contribuyente cometió cualquiera de las infracciones previstas en los artículos 176, 177 y 179 de la Ley, y

V. Los demás que establezcan las disposiciones jurídicas aplicables.

El SAT notificará al contribuyente las causas que motivan la suspensión inmediata en el Padrón de Importadores o en el Padrón de Importadores de Sectores Específicos, o en ambos, dentro de los cinco días hábiles siguientes a que se dé cualquiera de las causales previstas en este artículo.

Artículo 85. La suspensión a que se refiere el artículo 84 de este Reglamento quedará sin efectos, siempre que los contribuyentes presenten la solicitud correspondiente, señalando el nombre, denominación o razón social del interesado, su domicilio fiscal y la clave del registro federal de contribuyentes, el domicilio para recibir notificaciones, el fundamento jurídico que sustente la petición y anexen la documentación que soporte la misma y que desvirtué los hechos y circunstancias que motivaron la suspensión en el padrón respectivo, y las demás que señale el SAT mediante Reglas.

Artículo 86. Las personas físicas y morales obligadas a inscribirse en el Padrón de Importadores que aún no concluyan el trámite de inscripción o que se encuentren suspendidas en el citado padrón, podrán obtener autorización por única vez, para importar Mercancías explosivas, inflamables, contaminantes, radiactivas, corrosivas, perecederas o de fácil descomposición y animales vivos, que se encuentren en depósito ante la aduana, siempre que presenten la solicitud correspondiente, después de transcurridos cinco días sin que la autoridad haya dado respuesta a la solicitud a que se refiere el artículo 82 de este Reglamento, así como acreditar que:

I. Las Mercancías que pretende importar se encuentran en depósito ante la aduana;

II. La Mercancía es explosiva, inflamable, contaminante, radiactiva, corrosiva, perecedera o de fácil descomposición o animales vivos;

III. La propiedad de la Mercancía a importar, y

IV. Lo demás que establezca el SAT mediante Reglas.

Sección Tercera. Padrón de Exportadores Sectorial

Artículo 87. Para efectos del artículo 59, fracción IV de la Ley, así como el artículo 19, fracción XI de la Ley del Impuesto Especial sobre Producción y Servicios, quienes requieran exportar las Mercancías de los sectores correspondientes deberán estar inscritos en el Padrón de Exportadores Sectorial, para lo cual deberán solicitar su inscripción, debiendo cumplir con los siguientes requisitos:

I. Estar inscrito y activo en el registro federal de contribuyentes;

II. Contar con firma electrónica avanzada vigente;

III. Presentar la constancia de cumplimiento de las obligaciones fiscales, prevista en el artículo 32-D del Código Fiscal de la Federación, y

IV. Los demás requisitos establecidos en las Reglas que al efecto emita el SAT.

No será necesario inscribirse en el Padrón de Exportadores Sectorial cuando se trate de las Mercancías destinadas para exposición y venta en establecimientos de depósito fiscal a que se refiere el artículo 121, fracción I de la Ley.

La Autoridad Aduanera resolverá la solicitud a que se refiere el primer párrafo de este artículo, en un plazo de diez días, contado a partir del día siguiente al de la recepción de la solicitud.

Procederá la suspensión en el Padrón de Exportadores Sectorial cuando las personas físicas o morales se ubiquen en cualquiera de los supuestos señalados en el artículo 84 de este Reglamento.

Capítulo II. Exenciones

Sección Primera. Cuerpo Diplomático, Consular y Misiones Especiales

Artículo. 88. Para efectos del artículo 61, fracción I de la Ley, estarán comprendidas las siguientes Mercancías:

I. Las importadas por misiones diplomáticas, consulares, especiales del extranjero acreditadas ante el Estado Mexicano, los miembros de éstas, y las oficinas de organismos internacionales representados o con sede en territorio nacional que estén exentas conforme a los tratados y convenios internacionales de los que México sea parte, para lo cual deberán solicitarlo a las Autoridades Aduaneras por conducto de la autoridad competente.

Para las Mercancías a que se refiere esta fracción, los interesados no se encuentran obligados a acompañar el documento a que se refiere el inciso e) de la fracción I del artículo 36-A de la Ley.

Las Mercancías importadas en términos de esta fracción deberán consignarse expresamente a los beneficiarios de la exención, y

II. Las importadas por el Ejército y Fuerza Aérea Mexicanos, la Armada de México, las dependencias de la Administración Pública Federal, incluidos sus órganos administrativos desconcentrados, que realizan funciones de seguridad nacional o pública, las autoridades estatales o municipales, encargadas de la seguridad pública, la Procuraduría General de la República y las Procuradurías Generales de Justicia de las entidades federativas, para su uso exclusivo en el ejercicio de sus funciones de defensa nacional y seguridad pública.

Artículo 89. Para efectos del artículo 61, fracción I de la Ley, tratándose de la valija diplomática no será necesario llevar a cabo el despacho aduanero de las Mercancías. Dicha valija sólo podrá contener documentos diplomáticos u objetos de uso oficial, de conformidad con lo dispuesto en los tratados de los que México sea parte.

Artículo 90. La importación del menaje de casa o de Mercancías distintas a equipajes, objetos de viaje o de uso personal, propiedad de los miembros integrantes de las misiones diplomáticas, consulares o especiales del extranjero, se deberá realizar en todos los casos mediante Pedimento.

El equipaje personal que introduzcan o extraigan del territorio nacional los embajadores, ministros plenipotenciarios, encargados de negocios, consejeros, secretarios y agregados de las misiones diplomáticas o especiales extranjeras, cónsules y vicecónsules, así como su cónyuge, padres e hijos, no estará sujeto al Mecanismo de Selección Automatizado ni a revisión, siempre que exista reciprocidad internacional.

Cuando existan motivos fundados para suponer que el equipaje personal contiene objetos cuya importación o exportación esté prohibida o sujeta a regulaciones y restricciones no arancelarias conforme a la legislación nacional, la Autoridad Aduanera sólo podrá realizar la revisión correspondiente previo aviso a la Secretaría de Relaciones Exteriores.

Artículo 91. Los miembros del servicio exterior mexicano que hayan cumplido con alguna misión oficial en el extranjero, a solicitud de la Secretaría de Relaciones Exteriores y previa autorización de la Autoridad Aduanera, podrán importar libre del impuesto general de importación, el menaje de casa que hayan tenido en uso y dicha misión se haya prolongado por más de seis meses, salvo casos de fuerza mayor. Esta exención también se otorgará para su menaje, si desean exportarlo, cuando salgan del país.

Sección Segunda. Abastecimiento y Mercancías de Rancho

Artículo 92. Para efectos del artículo 61, fracción IV de la Ley, el abastecimiento de Mercancías de procedencia nacional a los medios de transporte que presten servicio internacional, se permitirá tomando en cuenta el número de tripulantes y pasajeros, así como el lugar inmediato de escala.

Artículo 93. El abastecimiento de combustible será libre de Impuestos al Comercio Exterior para:

I. Las embarcaciones nacionales de acuerdo con la capacidad de su depósito normal;

II. Los vehículos terrestres, en los términos de la fracción I de este artículo, y

III. Las aeronaves, salvo las limitaciones que establezcan los convenios o tratados internacionales.

Artículo 94. Para efectos del artículo 61, fracción IV de la Ley, las Mercancías extranjeras de rancho, son las Mercancías indispensables para satisfacer las necesidades básicas de los pasajeros y tripulación de los medios de transporte.

El desembarque definitivo de las Mercancías a que se refiere el párrafo anterior, sólo se autorizará en los lugares donde haya aduana y quedará sujeto a las formalidades para la importación definitiva. Para estos fines, el capitán o el consignatario, presentará la solicitud respectiva, sin perjuicio de que lo realicen las empresas porteadoras o los representantes de éstas.

Las Mercancías de rancho que arriben a puertos marítimos o aeropuertos mexicanos internacionales, podrán importarse definitivamente siempre que se anexe al Pedimento respectivo, una promoción bajo protesta de decir verdad, a través de Documento Electrónico o Digital, donde declare la descripción, valor unitario consignado, el número e importe total consignado en número y letra, cantidad y clase de dichas Mercancías.

Tratándose de embarcaciones con bandera nacional deberá cumplir con lo dispuesto en el párrafo anterior siempre que realicen tráfico marítimo de altura.

Las Mercancías de rancho podrán exportarse definitivamente utilizando el respectivo Pedimento o mediante promoción, en donde se señale la descripción, valor unitario, cantidad y clase de las Mercancías.

Tratándose de embarcaciones con bandera nacional deberá cumplir con lo dispuesto en el párrafo anterior, siempre que realicen tráfico marítimo de altura.

Artículo 95. Para efectos del artículo 56, fracción I, inciso a) de la Ley, en relación con lo dispuesto por el artículo 94, párrafo tercero de este Reglamento, la fecha de fondeo, amarre o atraque, será la que se registre en la capitanía del puerto a que arribe la embarcación.

Artículo 96. El desembarque temporal de ropa para su lavado o desinfectado, así como de otros efectos para su reparación, podrá efectuarse previa autorización de la Autoridad Aduanera, cuando el capitán o agente naviero general o agente naviero consignatario de buques de la embarcación presente ante la aduana correspondiente una promoción en la que se señale el motivo del desembarque, la relación de las Mercancías que van a ser desembarcadas, el plazo y el lugar donde se localizarán éstas.

Las Mercancías al reembarcarse, deberán ser presentadas para su revisión ante la aduana correspondiente, exhibiendo la promoción que se haya presentado al momento del desembarque.

Las contribuciones y, en su caso, las cuotas compensatorias, deberán ser pagadas por los capitanes, los propietarios de la embarcación o los consignatarios, cuando las Mercancías a que se refiere este artículo no sean reembarcadas dentro del plazo señalado en la promoción correspondiente, de conformidad con los artículos 20, segundo párrafo y 53, fracción III de la Ley.

Artículo 97. En tráfico aéreo, las empresas autorizadas para prestar servicio internacional de transporte de personas y Mercancías, podrán depositar en los lugares asignados al efecto, tales como comisariato, las Mercancías de procedencia extranjera indispensables para satisfacer las necesidades básicas de atención al pasaje y tripulación durante el vuelo, debiendo presentar la solicitud de autorización correspondiente y demás requisitos que para tales efectos establezca el SAT mediante Reglas.

Sección Tercera. Equipajes y Menajes

Artículo 98. Para efectos del artículo 61, fracción VI de la Ley, el SAT señalará mediante Reglas, las Mercancías que integran el equipaje de los pasajeros en viajes internacionales.

Los capitanes, pilotos, conductores y tripulantes de los medios de transporte que efectúen el tráfico internacional de Mercancías, podrán traer del extranjero o llevar del territorio nacional, libres del pago de Impuestos al Comercio Exterior, sus ropas y efectos usados personales que señale el SAT mediante Reglas.

Los capitanes o pilotos que acrediten ser propietarios del medio de transporte aéreo o marítimo que conduzcan, que efectúen el transporte internacional, serán considerados pasajeros internacionales para efecto de su equipaje personal y franquicia que corresponda.

Artículo 99. Los capitanes, pilotos, conductores y tripulantes de los medios de transporte que efectúen el tráfico internacional de Mercancías, podrán introducir Mercancías, mediante el procedimiento simplificado a que se refiere el artículo 88 de la Ley, y se cumplan las demás formalidades que para esos casos señale la Ley, el presente Reglamento y el SAT mediante Reglas.

No se podrá ejercer la opción a que se refiere el primer párrafo del presente artículo tratándose de Mercancías que estén sujetas a regulaciones y restricciones no arancelarias; Mercancías de difícil identificación, con excepción de las que señale el SAT mediante Reglas, y las que estén por su importación sujetas a contribuciones distintas de los Impuestos al Comercio Exterior, impuesto al valor agregado y derecho de trámite aduanero.

Los capitanes, pilotos, conductores y tripulantes de los medios de transporte, pagarán las contribuciones correspondientes antes de activar el Mecanismo de Selección Automatizado.

Artículo 100. El menaje de casa que pueden importar libre de Impuestos al Comercio Exterior, las personas a que se refiere el artículo 61, fracción VII y 142, segundo párrafo de la Ley, comprende las siguientes Mercancías usadas: el ajuar y bienes muebles de una casa, que sirvan exclusiva y propiamente para el uso y trato ordinario de una familia; ropa; libros; libreros; obras de arte o científicas, que no constituyan colecciones completas para la instalación de exposiciones o galerías de arte; los instrumentos científicos de profesionistas, así como las herramientas de obreros y artesanos, siempre que sean indispensables para el desarrollo de la profesión, arte u oficio.

Los instrumentos científicos y las herramientas que gozarán de dicha exención, no podrán constituir equipos completos para la instalación de laboratorios, consultorios o talleres.

Artículo 101. Se autoriza la importación de los menajes de casa a que se refiere el artículo 61, fracción VII de la Ley, siempre que al Pedimento correspondiente se acompañe una declaración certificada por el consulado mexicano del lugar en donde residió la persona que pretenda importar el menaje de casa y que contenga:

I. El nombre del importador;

II. El domicilio donde estableció su residencia en el extranjero;

III. El tiempo de residencia en el extranjero, el cual no podrá ser menor a seis meses;

IV. El lugar en el que establecerá su residencia en territorio nacional;

V. La descripción y cantidad de los bienes que integran el menaje de casa, y

VI. Manifestar bajo protesta de decir verdad los datos del Pedimento de importación del menaje de casa anterior.

Tratándose del segundo o posteriores menajes de casa que quieran importar los residentes permanentes al amparo del artículo 61, fracción VII de la Ley, deberán solicitar la autorización correspondiente ante la Autoridad Aduanera, dentro del año siguiente en que hayan efectuado la primera importación de menaje de casa.

Cuando haya transcurrido más de un año de la importación del primer menaje de casa, se autorizará la importación del siguiente menaje de casa en términos del primer párrafo del presente artículo, debiendo observar lo dispuesto en el segundo párrafo tratándose de posteriores importaciones de menaje de casa que quieran realizar dentro del año siguiente a que se haya efectuado la citada importación.

Los estudiantes e investigadores nacionales que retornen al país después de residir en el extranjero por lo menos un año, podrán solicitar autorización para importar su menaje de casa ante la Autoridad Aduanera, siempre que cumplan los requisitos establecidos en las fracciones I, II y V de este artículo, y comprueben que el motivo de su residencia en el extranjero fue para la realización de dichos fines en instituciones académicas. Los interesados, deberán acreditar que el citado menaje de casa fue adquirido seis meses antes de que pretenda importarse.

Para efectos de lo establecido en el párrafo anterior, los estudiantes e investigadores nacionales podrán comprobar sus estudios o investigaciones en el extranjero con una o varias constancias expedidas por las instituciones académicas en que hubieren efectuado los mismos, siempre que la suma de los plazos sea de por lo menos un año.

Artículo 102. Las personas que realicen actividades de periodismo para la prensa, radio o televisión, que importen menaje de casa en los términos del artículo 61, fracción VII de la Ley, además de las Mercancías señaladas en el artículo 100 de este Reglamento, podrán incluir las Mercancías necesarias para desempeñar dicha actividad.

Cuando las Mercancías importadas al amparo de este artículo requieran ser exportadas temporalmente para ser retornadas en el mismo estado o para su reparación, se deberá realizar promoción y efectuar la presentación física de las Mercancías ante la aduana que corresponda. Al retornar dichas Mercancías, se deberá presentar ante la Autoridad Aduanera el documento que demuestre la importación y exportación de las mismas.

Artículo 103. Las personas Residentes en Territorio Nacional que viajen al extranjero o a la franja o región fronteriza llevando consigo aparatos electrónicos o instrumentos de trabajo necesarios para el desarrollo de su actividad, podrán solicitar a la Autoridad Aduanera su registro en la forma oficial aprobada por el SAT, siempre y cuando se trate de instrumentos o aparatos que puedan ser transportados normal y comúnmente por una persona, para que, exhibiendo el original de dicha forma, se admitan a su regreso libres del pago de las contribuciones y del cumplimiento de regulaciones y restricciones no arancelarias, siempre que no hayan sido modificados en el extranjero, ni se les hayan incorporado insumos nuevos o usados.

Artículo 104. La exención para los equipajes y menajes de casa a que se refieren los artículos 98 y 100 de este Reglamento, se otorgará cuando el pasajero los traiga o lleve consigo al entrar o salir del territorio nacional o cuando lleguen o salgan dentro de los tres meses anteriores a la entrada o salida del pasajero, y seis meses después de la fecha en que éste haya arribado o salido del territorio nacional.

Artículo 105. Para efectos del artículo 61, fracción XV de la Ley, las personas con discapacidad que pretendan realizar la importación definitiva de vehículos especiales o adaptados de manera permanente a sus necesidades y las demás Mercancías que les permitan suplir o disminuir su discapacidad, así como las que realicen las personas morales con fines no lucrativos autorizadas para recibir donativos deducibles de conformidad con la Ley del Impuesto sobre la Renta, que tengan como actividad la atención de personas con discapacidad, deberán cumplir con los siguientes requisitos:

I. Título de propiedad que acredite la legal posesión del vehículo;

II. Documento expedido por el responsable del establecimiento técnico especializado en el extranjero que realizó la adaptación, el cual deberá señalar lo siguiente:

    a) Los datos de identificación del vehículo, como la marca, modelo, tipo y número de serie, y

    b) Descripción de la adaptación efectuada al vehículo y que ésta es permanente;

III. Constancia expedida por alguna institución de salud con autorización oficial con la que acredite su discapacidad;

IV. Declaración bajo protesta de decir verdad que el vehículo se encuentra fuera del territorio nacional, y

V. Los demás que establezca el SAT mediante Reglas.

Para efectos de la Ley y de este Reglamento, se entiende por Mercancías que permiten suplir o disminuir la discapacidad de una persona, las prótesis, órtesis o cualquier otra ayuda técnica que se adapte a su cuerpo.

Para efectos del artículo 63 de la Ley, no se considerará que los vehículos a que se refiere este artículo se destinan a propósitos distintos a los que motivaron el beneficio de la exención, por el hecho de que la persona con discapacidad no se encuentre a bordo del vehículo, siempre que se conserve en el vehículo la copia del Pedimento de importación definitiva y no se hubiera retirado del vehículo el dispositivo que se hubiera instalado de manera permanente para el uso personal o transporte de personas con discapacidad.

Sección Cuarta. Otros Casos de Exención

Artículo 106. Para efectos del artículo 61, fracción III, primer párrafo de la Ley, se consideran como equipo propio e indispensable de los vehículos destinados a servicios internacionales para el transporte de carga o de personas, los instrumentos accesorios o de auxilio, así como aquellas partes y equipos integrados al medio de transporte, necesarios para su funcionamiento y para garantizar la seguridad de las personas y de las Mercancías que transportan, inclusive:

I. En tráfico terrestre y ferroviario: autovías, furgones, plataformas, remolques y armones, así como útiles de cocina, de comedor y de dormitorio, y

II. En tráfico aéreo y marítimo: equipo de salvamento o auxilio, así como útiles de cocina y de comedor.

Cualquiera que sea el medio de transporte, se aceptarán como equipo propio e indispensable, las piezas de recambio, siempre que tengan el carácter de indispensables, las herramientas de trabajo, el mobiliario normal, los aceites, lubricantes, combustibles y carburantes que se contengan en sus depósitos normales.

Artículo 107. Para efectos del artículo 61, fracción III, párrafo tercero de la Ley, los vehículos en los que se efectúen servicios internacionales para el transporte de carga, autorizados por la autoridad competente, podrán internarse a territorio mexicano sin pagar los Impuestos al Comercio Exterior, dentro de una franja de veinte kilómetros, paralela a la línea divisoria internacional, independientemente de la nacionalidad del conductor.

Artículo 108. Para efectos del artículo 61, fracción III, párrafo tercero de la Ley, se permite la internación de vehículos extranjeros destinados a servicios internacionales para el transporte de personas hasta por un año dentro de la franja o región fronteriza para entradas y salidas múltiples, siempre que se cumplan los siguientes requisitos:

I. Se trate de residentes en el extranjero sin establecimiento permanente en México;

II. Sean propietarios o arrendatarios de los vehículos con los que se presten los servicios internacionales para el transporte de personas;

III. Que los vehículos con los que se efectúen los servicios internacionales para el transporte de personas ostenten la razón social, siglas o logotipo de la empresa que preste dicho servicio;

IV. Haber obtenido autorización de la Secretaría de Comunicaciones y Transportes para internarse al país, y

V. Otorgar garantía a favor del Fisco Federal, en la forma que determine el SAT mediante Reglas.

Artículo 109. Para efectos del artículo 61, fracciones IX, XVI y XVII de la Ley, las Mercancías que se donen deberán destinarse exclusivamente a atender los fines para los que fueron donadas, en caso contrario se entenderá que se desvirtúan los propósitos que motivaron el beneficio de la exención de los Impuestos al Comercio Exterior, en términos del artículo 63 de la Ley.

Capítulo III. Base Gravable en Importaciones

Artículo 110. Para efectos de los artículos 64 y 71 de la Ley, la Autoridad Aduanera, en ejercicio de facultades de comprobación, podrá rechazar el valor de las Mercancías declarado por el importador cuando se actualice alguno de los siguientes supuestos:

I. Se oponga al ejercicio de las facultades de comprobación de las Autoridades Aduaneras o se detecte que el importador ha incurrido en alguna de las siguientes conductas:

a) No llevar la contabilidad, no conservarla durante el plazo previsto en las disposiciones jurídicas aplicables, o no llevar ésta conforme a los principios y preceptos legales aplicables; no poner a disposición de la Autoridad Aduanera la contabilidad o la documentación que ampare las operaciones de comercio exterior o se advierta cualquier irregularidad en la contabilidad que imposibilite verificar el cumplimientos de las obligaciones fiscales en dichas operaciones;

b) Omitir o alterar los registros de las operaciones de comercio exterior;

c) Omitir la presentación de la declaración del ejercicio de cualquier contribución hasta el momento en que se inicie el ejercicio de las facultades de comprobación y siempre que haya transcurrido más de un mes desde el día en que venció el plazo para la presentación de la declaración de que se trate, y

d) No cumplir con los requerimientos de las Autoridades Aduaneras para presentar la documentación e información que acredite que el valor declarado fue determinado conforme a las disposiciones legales en el plazo otorgado en el requerimiento, y

II. Se establezca que el valor declarado por el importador no se determinó de conformidad con lo dispuesto en el Título Tercero, Capítulo III, Sección Primera de la Ley, al actualizarse alguno de los siguientes supuestos:

a) En la documentación o información aportada para justificar el valor en aduana de la Mercancía que se hubiere declarado, no se pueda corroborar su veracidad o exactitud, en el caso de haberse utilizado el método de valor de transacción para su determinación, no se demuestre fehacientemente el precio que efectivamente se pagó o pagará por dicha mercancía;

b) Se detecte en su contabilidad cualquier pago no justificado a los proveedores o exportadores de las Mercancías;

c) Se conozca, derivado de una compulsa internacional, que el supuesto proveedor de la Mercancía no realizó la operación de venta al importador o niegue haber emitido la factura presentada por el importador ante la Autoridad Aduanera o manifieste que ésta presenta alteraciones que afecten el valor en aduana de la Mercancía, y

d) Se actualice el supuestos establecido en el artículo 151, fracción VII de la Ley.

Artículo 111. Para efectos del artículo 64, tercer párrafo de la Ley, se considerará que no existe venta de Mercancías para ser exportadas a territorio nacional por compra efectuada por el importador, tratándose de la importación de Mercancías objeto de un contrato de arrendamiento o arrendamiento financiero, incluso con opción de compra.

Artículo 112. Para efectos del artículo 64, último párrafo de la Ley, se considera como pago indirecto, entre otros, el cumplimiento total o parcial por parte del comprador de una deuda a cargo del vendedor.

Artículo 113. Para efectos del artículo 65 de la Ley, en los casos en que no haya datos objetivos y cuantificables respecto de los cargos que deban sumarse al precio pagado por las Mercancías importadas, el valor en aduana no podrá determinarse conforme al método establecido en el artículo 64 de la Ley, debiendo aplicarse lo dispuesto en el artículo 71 de la Ley.

Artículo 114. Para efectos de lo establecido en el artículo 65, fracción I, inciso a) de la Ley, se entiende por:

I. Comisiones: Las retribuciones por venta pagadas directa o indirectamente a una persona física o moral que actúe por cuenta del vendedor, por los servicios que le presta en la venta de las Mercancías objeto de valoración;

II. Gastos de corretaje: Las retribuciones pagadas a un tercero por los servicios prestados como intermediario en la operación de compraventa de las Mercancías objeto de valoración, y

III. Comisiones de compra: Las retribuciones pagadas por el importador a una persona física o moral por los servicios prestados por representación en el extranjero para la compra de las Mercancías objeto de valoración.

Artículo 115. Para efectos de lo dispuesto en el artículo 65, fracción I, inciso b) de la Ley, se considerará que los envases o embalajes forman un todo con las Mercancías, cuando se importen y se clasifiquen junto con las mismas, sean del tipo de los normalmente vendidos con ellas y no sean susceptibles de utilizarse en dos o más ocasiones.

Artículo 116. Para efectos del artículo 65, fracción I, inciso d) de la Ley, se considerará como incrementable el cargo por concepto de seguro que se contrate sobre un porcentaje del precio de la Mercancía, cualquiera que sea el momento de pago de la prima.

Artículo 117. Para efectos de lo dispuesto en el artículo 65, fracción I, inciso d) de la Ley, el importador podrá determinar un valor en aduana provisional cuando haya contratado una póliza de seguros global de transporte anual y no pueda determinar las cantidades que por concepto de seguro debe incrementar en cada operación al precio pagado por las Mercancías, siempre que cumpla lo siguiente:

I. Incremente al precio pagado por las Mercancías, por concepto de seguro, la cantidad que resulte de aplicar a dicho precio el factor que se obtenga de dividir el costo del seguro global del año inmediato anterior entre el valor de las importaciones de Mercancías aseguradas que hubiere efectuado el mismo año.

Cuando el contribuyente inicie actividades de importación o en el año inmediato anterior no haya contratado una póliza de seguros global de transporte anual y, por tal motivo, no cuente con la información correspondiente del año anterior, deberá incrementar al precio pagado por las Mercancías, por concepto de seguro, la cantidad que resulte de aplicar a dicho precio el factor que se obtenga de dividir el costo del seguro global de transporte anual vigente al momento de la importación entre el valor de las importaciones que estime realizar dentro del periodo de cobertura del citado seguro;

II. Presente la rectificación al Pedimento corrigiendo el valor en aduana de las Mercancías, determinado en forma provisional, mediante declaraciones complementarias, en las que se señalen las cantidades que por concepto de seguro efectivamente les correspondan, pagando las contribuciones actualizadas y los recargos causados que resulten de la determinación definitiva del valor en aduana, de conformidad con lo dispuesto en el artículo 89 de la Ley y en el Código Fiscal de la Federación, y

III. Presente las declaraciones complementarias a que se refiere la fracción anterior, dentro del mes siguiente a la fecha de vencimiento del plazo de cobertura del seguro global de transporte anual.

En caso de que el importador no presente las declaraciones complementarias dentro del plazo señalado en esta fracción, los valores en aduana declarados en forma provisional, tendrán el carácter de definitivos para todos los efectos legales.

Quienes ejerzan la opción establecida en este artículo, deberán presentar un aviso ante la Autoridad Aduanera, en la forma oficial aprobada por el SAT, debiendo transmitir en Documento Electrónico o Digital la póliza a que se refiere el primer párrafo, además de los documentos señalados en el artículo 36-A de la Ley.

Artículo 118. Para efectos de lo dispuesto en el artículo 65, fracción II, inciso b) de la Ley, cuando el importador adquiera bienes de un vendedor con el que no esté vinculado y pague por ellos un precio determinado, dicho precio será el valor de los bienes. Si los bienes fueron producidos por el importador o por una persona vinculada con él, el valor de los bienes será su costo de producción. Para efectos de la vinculación a que se refiere este artículo, se estará a lo dispuesto por el artículo 68 de la Ley.

Cuando el importador haya utilizado dichos bienes con anterioridad, independientemente de que los haya comprado o producido, se efectuará un ajuste para reducir el costo original de adquisición o de producción, a fin de tener en cuenta su utilización y determinar su valor.

Una vez determinado el valor de los bienes, el importador podrá repartirlo entre las Mercancías importadas de conformidad con alguna de las siguientes formas de reparto:

I. Incrementando la totalidad del valor del bien en la primera importación;

II. Repartiendo el valor de los bienes entre el número de unidades producidas hasta el momento del primer envío, y

III. Repartiendo el valor de los bienes entre el total de la producción prevista, cuando existan contratos o compromisos en firme respecto de esa producción, haciendo del conocimiento de la Autoridad Aduanera el ejercicio de esta opción, mediante promoción.

La opción que se ejerza de conformidad con este artículo, se hará constar en el Pedimento correspondiente, presentando copia del acuse que, en su caso, se hubiera presentado a la Autoridad Aduanera.

Artículo 119. Para efectos de lo dispuesto en el artículo 65, fracción II, inciso d) de la Ley, el importe a adicionar será el valor de la compra o del arrendamiento de los bienes o servicios mencionados, cuando éstos hayan sido comprados o arrendados por el importador.

No procederá efectuar adición alguna tratándose de bienes que sean del dominio público, salvo la correspondiente al costo de la obtención de copias de los mismos.

Artículo 120. Para efectos de lo dispuesto en el artículo 65, fracción III de la Ley, no se adicionarán al precio pagado por las Mercancías importadas, los derechos de reproducción de las Mercancías en territorio nacional.

Artículo 121. Cuando deba adicionarse al precio pagado por las Mercancías, el importe de los cargos a que se refiere el artículo 65, fracciones III y IV de la Ley y en el momento de la importación no pueda determinarse el monto de dichos cargos, el importador podrá aplicar el método de valor de transacción, siempre que estime el monto aproximado de los mismos cargos y determine provisionalmente la base gravable.

Cuando los cargos a que se refiere el párrafo anterior puedan determinarse y resulten en cantidades distintas a las estimadas, el importador deberá presentar una rectificación al Pedimento corrigiendo la base gravable y pagando las contribuciones adeudadas actualizadas, así como los recargos causados a partir de la fecha en que se cubrieron las contribuciones de conformidad con el artículo 89 de la Ley y con el Código Fiscal de la Federación.

Transcurrido un año contado a partir de la fecha de presentación del Pedimento, sin que el importe de los cargos a que se refieren las fracciones III y IV del artículo 65 de la Ley pueda determinarse, el importador deberá rectificar el valor en aduana de las Mercancías determinado provisionalmente, utilizando el método de valoración que le corresponda en los términos del artículo 71 de la Ley. En caso de no presentar las declaraciones complementarias dentro de dicho plazo, los valores en aduana declarados en forma provisional tendrán carácter de definitivos para todos los efectos legales.

Lo dispuesto en este artículo sólo se aplicará cuando el importador cumpla con la obligación establecida en la fracción I del artículo 59 de la Ley, salvo lo establecido por el artículo 79 de este Reglamento.

Artículo 122. Para efectos del artículo 66, fracción II, inciso a) de la Ley, no se considerará como asistencia técnica el otorgamiento de licencias para permitir el uso de marcas y la explotación de patentes.

Artículo 123. Para efectos del artículo 67, fracción II de la Ley, cuando el valor de la condición o contraprestación se conozca y esté relacionado con las Mercancías importadas, deberá formar parte del precio realmente pagado o por pagar.

Artículo 124. Para efectos del artículo 68, fracción II de la Ley, las personas que sean agente, distribuidor o concesionario exclusivo de la otra, cualquiera que sea la denominación utilizada, no se considerarán como asociadas en negocios, salvo que adicionalmente se encuentren vinculadas dentro de alguno de los otros supuestos previstos en las demás fracciones de dicho artículo.

Artículo 125. Para efectos del artículo 68, fracción VIII de la Ley, se considera que existe vinculación entre personas de la misma familia, si existe parentesco civil; por consanguinidad sin limitación de grado en línea recta, en la colateral o transversal dentro del cuarto grado; por afinidad en línea recta o transversal hasta el segundo grado, así como entre cónyuges.

Artículo 126. Para efectos del artículo 69, segundo párrafo, fracción II de la Ley, la información que deberá proporcionar el importador, a requerimiento de la Autoridad Aduanera, podrá consistir en un dictamen contable emitido de conformidad con las normas de información financiera del país de producción de las Mercancías sujetas a valoración, así como de los anexos que, en su caso, se deban acompañar, siempre que quien emita el dictamen cuente con autorización de la autoridad competente de dicho país.

Artículo 127. Para efectos de los artículos 69, segundo párrafo, fracción II y 75, fracción I de la Ley, se considerarán Mercancías de la misma especie o clase aquellas importadas del mismo país que las Mercancías objeto de valoración o Mercancías importadas de otros países que pertenezcan a un grupo o gama de Mercancías producidas por una rama de producción determinada o por un sector de la misma y que comprenda Mercancías idénticas o similares.

Para determinar si ciertas Mercancías son de la misma especie o clase que las Mercancías objeto de valoración, se examinarán las ventas que se hagan en territorio nacional del grupo o gama más restringido de Mercancías importadas de la misma especie o clase, que incluya las Mercancías objeto de valoración y a cuyo respecto pueda suministrarse la información necesaria.

Artículo 128. Para efectos del artículo 71, fracciones I y II de la Ley, cuando en un embarque existan Mercancías que deban ser valoradas conforme al método de valor de transacción y otras Mercancías idénticas o similares, respecto de las que no exista venta y, en consecuencia no se encuentren comprendidas en la factura, estas últimas podrán valorarse utilizando el método de valor de transacción de Mercancías idénticas o con el método de valor de transacción de Mercancías similares, según corresponda, referido al valor en aduana de las primeras.

Artículo 129. Para efectos de los artículos 72, primero y segundo párrafos y 73, primero y segundo párrafos de la Ley, según corresponda, se podrá utilizar el valor de transacción de Mercancías idénticas o similares vendidas a un nivel comercial diferente y en cantidades diferentes, ajustado en cada caso, para tener en cuenta únicamente los factores de cantidad o de nivel comercial, o ambos factores.

Cuando no exista información suficiente para determinar los ajustes correspondientes y tomar en cuenta las diferencias a nivel comercial o a la cantidad, así como para determinar los ajustes respectivos por concepto de gastos de transporte, seguros y gastos conexos a que se refieren los párrafos segundo y cuarto de dichos artículos, el valor en aduana de las Mercancías no podrá determinarse con base en el valor de transacción de Mercancías idénticas o similares.

Artículo 130. Para efectos de los artículos 72 y 73 de la Ley, podrá utilizarse el valor de transacción de Mercancías idénticas o similares producidas en el mismo país, por una persona diferente de la que produjo las Mercancías objeto de valoración, únicamente cuando no existan Mercancías idénticas o similares producidas por la misma persona.

Artículo 131. El valor en aduana de las Mercancías importadas no podrá determinarse de conformidad con lo dispuesto en el artículo 74, fracción II de la Ley, cuando el valor añadido por la transformación no se pueda determinar con base en datos objetivos y cuantificables que reflejen el costo de dicha operación.

Artículo 132. Para efectos del artículo 75, fracción I de la Ley, los gastos generales comprenderán los gastos directos e indirectos de comercialización de las Mercancías y deberán considerarse como un todo con los beneficios.

Cuando el importe aplicado por el importador por concepto de beneficios y gastos generales, no concuerde con el correspondiente a las ventas de Mercancías de la misma especie o clase que las Mercancías objeto de valoración, efectuadas por productores del país de exportación en operaciones a territorio nacional, el importe por concepto de beneficios y gastos generales podrá determinarse por la Autoridad Aduanera con base en información distinta de la que hubiera sido utilizada por el importador.

Artículo 133. Para efectos de lo dispuesto en el artículo 77, primer párrafo de la Ley, si para determinar un valor reconstruido la Autoridad Aduanera utiliza información distinta de la proporcionada por el productor, deberá informar al importador, cuando éste lo solicite, la fuente de dicha información, los datos utilizados y los cálculos efectuados sobre la base de dichos datos, salvo que se trate de información de carácter estrictamente confidencial.

Capítulo IV. Determinación y Pago

Sección Primera. Cuentas Aduaneras y Cuentas Aduaneras de Garantía

Artículo 134. Quienes ejerzan la opción establecida en el artículo 86 de la Ley deberán cumplir con lo siguiente:

I. Acreditar el impuesto al valor agregado, cuando haya transcurrido el plazo a que se refiere el artículo 86 de la Ley, incluida la prórroga del mismo;

II. Pagar las contribuciones al presentar el Pedimento de importación, excepto el derecho de trámite aduanero y, en su caso, las cuotas compensatorias correspondientes con la constancia de depósito expedida por la institución de crédito o casa de bolsa autorizada. Si la cantidad consignada en la constancia es inferior al monto de las contribuciones causadas y, en su caso, de las cuotas compensatorias, deberán cubrir la diferencia conforme a los medios de pago autorizados por el SAT, y

III. Presentar al exportar en definitiva las Mercancías, conjuntamente con el Pedimento, la forma oficial aprobada por el SAT en la que declararán los insumos incorporados a dichas Mercancías que se exportan.

El Pedimento a que se refiere el párrafo anterior, donde conste el acuse respectivo de recepción que emita el Sistema Electrónico Aduanero y, en su caso, el pago de las contribuciones y aprovechamientos que corresponda, dará derecho, a elección del importador, a que la institución de crédito o casa de bolsa que maneje la cuenta aduanera, le abone el importe correspondiente al depósito, le proporcione una nueva constancia de depósito, o bien, le abone una parte del monto y el resto se le proporcione mediante constancia de depósito.

Artículo 135. Las instituciones de crédito y casas de bolsa del sistema financiero, autorizadas para operar cuentas aduaneras, además de las obligaciones previstas en el artículo 87 de la Ley, tendrán las siguientes:

I. Invertir en títulos valores, incluidos los gubernamentales, los depósitos realizados en las cuentas aduaneras;

II. Expedir al importador constancias de depósito por el pago de las contribuciones que correspondan, excepto el derecho de trámite aduanero y, en su caso, de las cuotas compensatorias que se causen por las importaciones, siempre que exista el respaldo correspondiente. Dichas constancias de depósito deberán contener los datos que establezca el SAT, mediante Reglas, y

III. Abonar a la cuenta del importador las cantidades que manifieste en la forma oficial aprobada por el SAT.

Cuando exista error en el llenado de la forma oficial a que se refiere la fracción anterior, el contribuyente podrá presentar una declaración complementaria ante la Autoridad Aduanera por cada operación, anexando copia de la declaración que se rectifica.

En caso de que el contribuyente no presente ante la aduana la forma oficial aprobada por el SAT, conjuntamente con el Pedimento de exportación, podrá solicitar la autorización de retiro del depósito ante la Autoridad Aduanera, siempre que dicha solicitud se presente antes del vencimiento del plazo establecido en el artículo 86 de la Ley.

Artículo 136. Las personas que hubieran importado definitivamente Mercancías efectuando el pago de las contribuciones, excepto el derecho de trámite aduanero y, en su caso, de las cuotas compensatorias mediante cuenta aduanera de conformidad con lo establecido en el artículo 86 de la Ley, las podrán considerar como retornadas al extranjero cuando obtengan autorización de la Secretaría de Economía para operar al amparo de programas de manufactura, maquila y de servicios de exportación, siempre que transmitan simultáneamente Pedimentos de exportación y de importación temporal en el que acrediten tener autorización para importarlas al amparo de sus respectivos programas, no siendo necesaria la presentación física de las Mercancías en la aduana.

Sección Segunda. Compensación y Rectificación

Artículo 137. Para efectos del artículo 89 de la Ley, la rectificación de los datos contenidos en los Pedimentos deberá realizarse mediante la presentación de un Pedimento de rectificación, el cual se deberá transmitir al Sistema Electrónico Aduanero, señalando el número del Pedimento que se rectifica.

Para los efectos del párrafo anterior, se deberá cubrir el pago de los derechos previstos en la Ley Federal de Derechos.

Artículo 138. En relación con lo dispuesto en los artículos 89 y 93 de la Ley, los importadores y exportadores que determinen cantidades a su favor por declaraciones complementarias derivadas de pagos de Impuestos al Comercio Exterior o cuotas compensatorias, o por desistimiento del régimen aduanero, podrán compensar las cantidades que determinen a su favor indistintamente contra los mencionados Impuestos al Comercio Exterior o cuotas compensatorias que estén obligados a pagar.

También podrán compensar las cantidades que determinen a su favor derivadas del pago del derecho de trámite aduanero, contra las que estén obligados a pagar derivadas del mismo derecho.

En ningún caso podrán compensarse los impuestos al valor agregado y especial sobre producción y servicios en operaciones de comercio exterior.

La compensación será aplicable, tratándose de aranceles pagados en exceso, por haber importado bienes originarios sin aplicar la tasa arancelaria preferencial a la que se tenga derecho, en virtud de los tratados internacionales de que México sea parte.

Para que los importadores y exportadores puedan compensar los saldos a favor, deberán anexar al Pedimento en el que se aplica la compensación o, en su caso, al Pedimento complementario, los siguientes documentos:

I. El aviso correspondiente;

II. El Pedimento que origina el saldo a su favor;

III. Escrito o Pedimento de desistimiento o del Pedimento de rectificación, según corresponda;

IV. En el caso de aplicación de trato arancelario preferencial conforme a los tratados de los que México sea parte, cuando en la fecha de importación no se haya aplicado dicho trato, el certificado de origen válido del documento en el que conste la declaración en factura o la declaración de origen, según corresponda conforme al tratado correspondiente;

V. En el caso de permisos o autorizaciones emitidos por la Secretaría de Economía, el permiso o la autorización correspondiente, y

VI. En el caso de importaciones o exportaciones cuyo despacho se efectuó en términos del artículo 47, tercer párrafo de la Ley, la resolución de clasificación arancelaria emitida por la Autoridad Aduanera correspondiente.

TÍTULO CUARTO. REGÍMENES ADUANEROS

Capítulo I. Disposiciones Comunes

Artículo 139. Para efectos del artículo 93, segundo párrafo de la Ley, el interesado podrá realizar el desistimiento del régimen de exportación en todos los casos, excepto cuando existan discrepancias, inexactitudes o falsedades entre los datos contenidos en el Pedimento y las Mercancías a que el mismo se refiere.

Artículo 140. Para efectos del artículo 93, párrafo tercero de la Ley, para proceder a realizar el cambio de régimen de importación temporal a definitiva se observará lo siguiente:

I. Tramitar el Pedimento respectivo en los términos de los artículos 36 y 36-A de la Ley;

II. Las regulaciones y restricciones no arancelarias y prohibiciones aplicables serán las que rijan en la fecha de cambio de régimen;

III. Pagar las contribuciones y cuotas compensatorias que correspondan, en términos de las disposiciones legales aplicables, considerando el valor en aduana declarado en el Pedimento con el que la Mercancía ingresó al país.

Para el cálculo del pago previsto en el párrafo anterior, se deberá considerar la actualización del impuesto general de importación, de las cuotas compensatorias y de las demás contribuciones que correspondan, en términos del artículo 17-A del Código Fiscal de la Federación, a partir del mes en que las Mercancías ingresaron temporalmente al país y hasta que se efectúe el cambio de régimen, y

IV. Lo demás que establezca el SAT mediante Reglas.

Para efectos de lo dispuesto en el presente artículo, si el cambio de régimen se realiza una vez iniciadas las facultades de comprobación de la Autoridad Aduanera, será necesario que las Mercancías se encuentren físicamente en el domicilio señalado para efectos de la operación aduanera de que se trate, en caso de ser exigible conforme a la Ley.

Artículo 141. En los casos de destrucción de Mercancías por accidente a que se refiere el artículo 94 de la Ley, el interesado estará obligado a dar aviso a la Autoridad Aduanera en un plazo no mayor a quince días contados a partir del día siguiente al del accidente, debiendo anexar copia del acta de hechos levantada por autoridad competente.

Tratándose del régimen de tránsito, el aviso a que se refiere el párrafo anterior se turnará a la aduana de destino, y podrá ser presentado por la empresa transportista que conduzca las Mercancías, o bien, por el importador, exportador, representante legal, auxiliar, agente aduanal, mandatario, dependiente o empleado autorizado que haya promovido dicho régimen.

En todos los casos, el interesado deberá señalar el destino que quiera dar a los restos, y la Autoridad Aduanera podrá autorizar su destrucción o cambio de régimen de conformidad con las disposiciones jurídicas aplicables.

Artículo 142. Para efectos de lo dispuesto por los artículos 94, último párrafo y 109, penúltimo párrafo de la Ley, cuando en las Mercancías importadas se realice el proceso productivo y como resultado de éste se generen Desperdicios, si el contribuyente opta por destruirlos deberá cumplir los siguientes requisitos:

I. Presentar aviso a la Autoridad Aduanera, cuando menos treinta días antes de la destrucción.

Las destrucciones se deberán efectuar en el lugar señalado en el aviso, en día y horas hábiles, se encuentre o no presente la Autoridad Aduanera;

II. Levantar acta de hechos en la que se hará constar la cantidad, peso o volumen de los Desperdicios destruidos, descripción del proceso de destrucción, así como los Pedimentos de importación con los que se hubieran introducido las Mercancías al territorio nacional. Dicha acta será levantada por la Autoridad Aduanera y, en su ausencia, por el importador;

III. Registrar la destrucción de los Desperdicios en la contabilidad del ejercicio en que se efectúa y conservarla por el plazo que señala el Código Fiscal de la Federación, y

IV. Se permitirá la destrucción de Desperdicios en todos los casos, excepto cuando constituyan sustancias tóxicas o peligrosas para la salud y materiales peligrosos o nocivos para la salud o seguridad pública, medio ambiente, flora o fauna, así como aquellos que dañen la sanidad e inocuidad agroalimentaria, en cuyo caso se requerirá de autorización previa de la autoridad competente.

Capítulo II. Certificaciones

Sección Primera. Revisión en Origen

Artículo 143. Para efectos del artículo 98 de la Ley, en las importaciones si con motivo del Reconocimiento Aduanero, verificación de Mercancías en transporte o visitas domiciliarias, las Autoridades Aduaneras descubren Mercancías en exceso de las declaradas o cuya legal importación o estancia no se acredite, determinarán las contribuciones causadas y sus accesorios. Si las Mercancías se encuentran sujetas al pago de cuotas compensatorias, se otorgará a la empresa un plazo de diez días para que exhiba los documentos que acrediten el país de origen de las Mercancías que demuestren que son originarias de un país distinto a aquél contra el cual se impuso la cuota compensatoria. Transcurrido el plazo, si no se exhibe el certificado de origen mencionado, se procederá a la determinación de las cuotas compensatorias respectivas.

En los supuestos a que se refiere el párrafo anterior, las Autoridades Aduaneras procederán a determinar los créditos fiscales que correspondan, conforme a lo previsto en los artículos 98 y 152 de la Ley.

Artículo 144. Para efectos del artículo 100, fracción II de la Ley, las empresas que hayan realizado importaciones con un valor superior a **$133,859,460.00** en el ejercicio inmediato anterior a aquél en que soliciten su inscripción en el registro del despacho de Mercancías de las empresas, presentarán su solicitud ante la Autoridad Aduanera debiendo cumplir con lo siguiente:

Cantidad del párrafo actualizada DOF 22-12-2017, 24-12-2020

I. Realizar el pago del derecho que corresponda conforme a la Ley Federal de Derechos;

II. Acreditar estar al corriente en el cumplimiento de obligaciones fiscales en términos de lo previsto en el artículo 32-D del Código Fiscal de la Federación, y

III. Lo demás que establezca el SAT mediante Reglas.

El SAT podrá establecer montos diferentes al señalado en el párrafo anterior, considerando el tipo de actividad que realizan las empresas o en función del tipo de Mercancía que se importe.

Artículo 145. Las empresas con programa de manufactura, maquila y de servicios de exportación autorizados por la Secretaría de Economía que realicen importaciones bajo el procedimiento a que se refiere el artículo 98 de la Ley, podrán:

I. Corregir espontáneamente sus Pedimentos de importación temporal, para destinar a dicho régimen las Mercancías que no hubieran declarado en los Pedimentos, sin que deban pagar las contribuciones o cuotas compensatorias respectivas, y

II. Calcular el margen de error señalado en el artículo 99, fracción l de la Ley.

En los casos en que el porcentaje determinado en los términos del artículo 99, fracción ll de la Ley, sea mayor que el porcentaje del margen de error que resulte conforme a la fracción II de este artículo, se sujetarán a lo dispuesto por la fracción III del artículo 99 de la Ley. El pago a que se refiere este párrafo no convertirá la importación temporal en definitiva.

Artículo 146. Si la empresa inscrita en el registro a que se refiere el artículo 100 de la Ley, recibe Mercancías no declaradas en los Pedimentos, sin que medie acto de comprobación por parte de las Autoridades Aduaneras, podrá:

I. Pagar espontáneamente las contribuciones y cuotas compensatorias omitidas o destinar las Mercancías a importación temporal si se trata de empresas con programa de manufactura, maquila y de servicios de exportación autorizados por la Secretaría de Economía, o

II. Retornar al extranjero las Mercancías recibidas en exceso, siempre que se trate de activos fijos o de Mercancías que no corresponden a las actividades propias y normales de la empresa, siempre y cuando en ambos supuestos las Mercancías se encuentren en el mismo estado en que se importaron. También se podrán retornar al extranjero, las recibidas en exceso que estén sujetas al requisito de permiso previo o de norma oficial mexicana y no se cuente con el documento que acredite su cumplimiento.

Para efectos del párrafo anterior, se presentará ante la aduana por la que se efectúe el retorno de las Mercancías, un Pedimento de exportación en el que se señalará que se trata de Mercancías que se retornan al amparo de este artículo, dentro del mes siguiente a la fecha de arribo de las Mercancías a territorio nacional, en el que se señalará la fecha de arribo y el número de Pedimento de importación del embarque en el que se encontraban las Mercancías que se pretenden retornar.

Artículo 147. Tratándose de operaciones realizadas por empresas que se encuentren registradas en los términos del artículo 100 de la Ley, y que con motivo del Reconocimiento Aduanero, verificación de Mercancías en transporte o visitas domiciliarias, las Autoridades Aduaneras descubran Mercancías que se encuentran sujetas a regulaciones y restricciones no arancelarias y no se cuente con la documentación que acredite su cumplimiento, se procederá al embargo precautorio de las Mercancías y al inicio del procedimiento administrativo en materia aduanera.

Artículo 148. Las empresas que efectúen importaciones al amparo del artículo 98 de la Ley, podrán transmitir a través del Sistema Electrónico Aduanero, mediante Documento Electrónico o Digital, el Pedimento respectivo sin que sea necesario consignar los datos que establezca el SAT.

Las empresas deberán transmitir en un plazo de diez días, contado a partir de la transmisión del Pedimento correspondiente, uno nuevo identificado con el número del anterior, que contenga los datos omitidos. Las contribuciones causadas se deberán enterar al presentar el primer Pedimento.

Capítulo III. Definitivos de Importación y Exportación

Artículo 149.- Para efectos del artículo 103, último párrafo de la Ley, se autoriza el retorno al país sin el pago del impuesto general de importación de las Mercancías exportadas definitivamente, siempre que de haberse recibido beneficios fiscales con motivo de la exportación, se reintegren actualizados desde el día siguiente a aquél en que se efectuó la exportación.

Artículo 150. El interesado en sustituir las Mercancías importadas que resultaron defectuosas o con diferentes especificaciones a las convenidas, en su solicitud señalará en qué consisten los defectos o las diferencias y ofrecerá las pruebas correspondientes. En caso de que se otorgue la autorización a que se refiere el artículo 97 de la Ley, el interesado tramitará el retorno de las Mercancías importadas mediante Pedimento de exportación al que acompañará en Documento Digital copia del Pedimento de importación definitiva.

Se considera que el pago del impuesto general de importación, en relación con las Mercancías retornadas fue efectuado por las sustitutas, cuando las características arancelarias de éstas sean idénticas a las de aquéllas.

Si las Mercancías sustitutas son de la misma clase que las retornadas pero de diferente clasificación arancelaria, se aplicarán a aquéllas las cuotas, base gravable, tipo de cambio de moneda, cuotas compensatorias, regulaciones y restricciones no arancelarias, precios estimados y prohibiciones vigentes en la fecha en que éstas fueron importadas conforme al artículo 56 de la Ley, para efectos de determinar las diferencias del impuesto a que se refiere el artículo 97, párrafo tercero de la Ley.

En el caso de sustitución parcial se presumirá que la parte sustituta es idéntica a la retornada, aun cuando en forma aislada difiera su clasificación arancelaria, siempre que subsane el defecto o la diferencia de especificaciones convenidas para las Mercancías completas y que la sustitución de la parte no altere la clasificación arancelaria de éstas. De lo contrario, se deberán pagar las diferencias del impuesto general de importación y cumplir las obligaciones en materia de regulaciones y restricciones no arancelarias, conforme a la clasificación arancelaria de la Mercancía completa, en la fecha y forma previstas en el párrafo anterior.

Artículo 151. Para efectos del artículo 97, último párrafo de la Ley, el importador podrá solicitar la devolución del impuesto general de importación de las Mercancías, cuando compruebe a las Autoridades Aduaneras que el retorno al extranjero de las Mercancías se debe a que resultaron defectuosas o de especificaciones distintas a las convenidas, siempre que retornen las Mercancías al extranjero:

I. Dentro del plazo de tres meses contados a partir del día siguiente a aquél en que se hubiera realizado el despacho para su importación definitiva, o de seis meses en el caso de maquinaria y equipo, y

II. En el mismo estado en el que fueron importadas.

Capítulo IV. Temporales de Importación y Exportación

Sección Primera. Importaciones y Exportaciones Temporales

Artículo 152. Para realizar las importaciones a que se refiere el artículo 106, fracción II, inciso a) de la Ley, se deberán cumplir los siguientes requisitos:

I. El Pedimento de importación señalará el nombre de la persona residente en el extranjero y el de un Residente en Territorio Nacional. Adicionalmente, se deberá acompañar a dicho Pedimento la manifestación del Residente en Territorio Nacional de asumir la responsabilidad solidaria a que se refiere la fracción VIII del artículo 26 del Código Fiscal de la Federación, por los créditos fiscales que lleguen a derivarse por no retornar las Mercancías al extranjero dentro del plazo establecido en la Ley;

II. Los residentes en el extranjero deberán tener relación laboral con quien utilizará los bienes importados temporalmente, salvo que sean utilizados por ellos mismos, y

III. Los residentes en el extranjero o los responsables solidarios, con anterioridad a que presenten el Pedimento, darán aviso a la Autoridad Aduanera que corresponda a la localidad en la cual se vayan a utilizar los bienes que se importen.

Artículo 153. Para efectos de los artículos 106, fracción III, inciso a) y 116, fracción III de la Ley, se entiende por convenciones y congresos internacionales a las conferencias, simposios, encuentros y eventos similares, que tengan como finalidad reunir en fechas preestablecidas a un determinado número de personas.

Artículo 154. De conformidad con el artículo 106, fracción III, inciso a) de la Ley, podrán importarse temporalmente Mercancías para destinarse a convenciones y congresos internacionales, siempre que se cumplan los siguientes requisitos:

I. Que la convención o congreso internacional se organice por residentes en el extranjero o Residentes en Territorio Nacional, siempre que en este último caso se trate de eventos en los que se verifique una participación mayoritaria de personas extranjeras, y

II. Que las Mercancías importadas al amparo de este artículo que se vayan a distribuir gratuitamente entre los asistentes o participantes al evento, sean identificadas mediante sellos o marcas que las distingan individualmente como destinadas a la convención o congreso internacional de que se trate. No se requerirá comprobar el retorno al extranjero de dichas Mercancías, cuando su valor unitario no exceda del que establezca el SAT mediante Reglas.

Las Mercancías importadas al amparo de este artículo, deberán cumplir con las regulaciones y restricciones no arancelarias aplicables al régimen de importación temporal.

Cuando con motivo de la convención o congreso internacional se importen Mercancías que no se encuentren identificadas en los términos de la fracción II de este artículo, deberán ser retornadas al extranjero, una vez concluido el evento, o bien, importadas en forma definitiva, siempre que se paguen las contribuciones correspondientes y se cumplan las regulaciones y restricciones no arancelarias aplicables a dicho régimen.

Artículo 155. Las personas físicas residentes en el extranjero que realicen actividades de periodismo para la prensa, radio o televisión, así como actividades relacionadas con la cinematografía podrán importar temporalmente Mercancías que necesiten para el desempeño de sus funciones, para lo cual deberán, además de cumplir con el artículo 152 de este Reglamento, acreditar la importación de dichas Mercancías con la constancia expedida por el consulado mexicano, en donde se señalen los datos de identificación de los medios de difusión o empresa a los que representen. En términos del artículo 116, fracción II, inciso b) de la Ley podrán ser exportadas temporalmente las Mercancías que necesiten los Residentes en Territorio Nacional que se dediquen a las actividades mencionadas, siempre que lo acrediten conforme a las disposiciones jurídicas aplicables.

Artículo 156. Para efectos de lo dispuesto en el artículo 106, fracción III, inciso b) de la Ley, tratándose de competencias y eventos deportivos, la Federación Deportiva

Mexicana correspondiente, podrá importar temporalmente las Mercancías inherentes a la finalidad del evento, incluyendo vehículos y embarcaciones de competencia, tractocamiones y sus remolques, casas rodantes, equipos de servicio médico y de seguridad, sus herramientas y accesorios necesarios para cumplir con el fin del evento, para lo cual deberá presentar con anticipación a la celebración del evento, la promoción respectiva, en la que señale el lugar y fecha en que se celebrará el evento y la descripción del mismo, así como la aduana por la que ingresará la Mercancía, anexando carta de anuencia emitida por el organismo deportivo competente y un listado con la descripción y cantidad de la Mercancía que se destinará al evento. La Autoridad Aduanera resolverá en un plazo de quince días.

Artículo 157. Para efectos de lo dispuesto en el artículo 106, fracción III, inciso d) de la Ley, se entenderá por vehículos de prueba, aquellos que se utilicen únicamente en la realización de exámenes para medir el buen funcionamiento de vehículos similares o de cada una de sus partes, sin que puedan destinarse a un uso distinto.

Artículo 158. Para efectos de lo dispuesto en el artículo 106, fracción IV, inciso a) de la Ley, los interesados deberán realizar el trámite de importación temporal de vehículos, anexando:

I. La documentación que acredite su condición de estancia, conforme a la legislación aplicable;

II. La documentación que acredite la legal propiedad o posesión del vehículo conforme a lo siguiente:

    a) Título de propiedad o registro de placas vigente que los acredite como propietarios del vehículo, emitido por autoridad competente del país extranjero.

    El interesado podrá efectuar el trámite correspondiente, aun y cuando el documento que acredite la propiedad del mismo, se encuentre a nombre de su cónyuge, ascendientes o descendientes;

    b) Contrato de arrendamiento a nombre del importador y la carta de la arrendadora que autorice el uso del vehículo en el extranjero;

    c) Contrato de crédito a nombre del importador, o

    d) Documento que acredite la relación laboral del importador con la empresa propietaria del vehículo y el documento que acredite la propiedad del vehículo por parte de la empresa;

III. La garantía que determine el SAT mediante Reglas;

IV. Declaración bajo protesta de decir verdad, en la que el interesado se comprometa a retornar el vehículo de que se trate dentro del plazo autorizado y a no realizar actos u omisiones que configuren infracciones o delitos por el indebido uso o destino del mismo;

V. Realizar el pago correspondiente por concepto de trámite para la importación temporal de vehículos, y

VI. Cumplir con los demás requisitos que establezca el SAT mediante Reglas.

Sólo se podrá efectuar la importación temporal de vehículos que tengan una capacidad máxima de tres y media toneladas de peso.

Artículo 159. Para efectos del artículo 106, fracción IV, inciso b) de la Ley, se podrán importar los menajes de casa de residente temporal y residente temporal estudiante, siempre que se cumplan los siguientes requisitos:

I. Acreditar la condición de estancia, conforme a la legislación aplicable;

II. Señalar el lugar en el que establecerán su residencia en territorio nacional y la descripción de los bienes que integren el menaje de casa, y

III. Manifestar a la Autoridad Aduanera que se obligan al retorno de la Mercancía y que, en caso de cambio de domicilio, darán aviso.

Artículo 160. Para efectos del artículo 106, fracción V, inciso a) de la Ley, las importaciones temporales de contenedores se tramitarán por las empresas de transporte multimodal, sus representantes o por sus consignatarios mediante la presentación de la solicitud, la cual es independiente de la documentación aduanera que ampare las Mercancías que conduzcan. Dicha importación deberá ser tramitada ante la aduana de entrada, independientemente de que las Mercancías que contengan sean despachadas ante una aduana interior. La exportación temporal se tramitará por el remitente.

La legal estancia en territorio nacional de los contenedores importados temporalmente, se podrá comprobar con la copia del Pedimento de importación o exportación que ampare la Mercancía que transporten, donde se describan dichos contenedores o, con la forma oficial de importación temporal de contenedores que autorice el SAT.

Artículo 161. Para efectos de lo dispuesto en el artículo 106, fracción V, inciso c) de la Ley, los Residentes en Territorio Nacional y en el extranjero podrán efectuar la importación temporal de embarcaciones y de los remolques necesarios para su transportación hasta por diez años, siempre que cumplan los siguientes requisitos:

I. Presentar la forma oficial aprobada por el SAT, ante la Autoridad Aduanera para efectuar el trámite de entrada al país de la embarcación, por conducto del propietario, o en su nombre, el capitán de la embarcación o su representante;

II. Acreditar la propiedad de la embarcación y del remolque, al momento de efectuar el trámite ante la Autoridad Aduanera, para lo cual se anexará copia de cualquiera de los siguientes documentos: factura, contrato de fletamento, título de propiedad, o bien, del certificado de registro otorgado por la autoridad competente;

III. Realizar el pago correspondiente por concepto de trámite para la importación temporal de embarcaciones, y

IV. Cumplir con los demás requisitos que establezca el SAT mediante Reglas.

Para efectos de este artículo, la embarcación comprende el casco, la maquinaria, sus equipos y accesorios fijos o móviles, destinados a la navegación, al ornato y funcionamiento de la embarcación, en los términos que establezca el SAT mediante Reglas.

Artículo 162. Para efectos de lo dispuesto en el artículo 106, fracción V, inciso d) de la Ley, el propietario, cónyuge, ascendiente o descendiente, siempre que se trate de residentes permanentes en el extranjero podrán efectuar la importación temporal de casas rodantes, siempre que cumplan los siguientes requisitos:

I. Presentar la forma oficial aprobada por el SAT, ante la Autoridad Aduanera para efectuar el trámite de entrada al país de casas rodantes;

II. Anexar copia del título de propiedad o del certificado de registro otorgado por la autoridad competente;

III. Declaración firmada bajo protesta de decir verdad, en la que se comprometan a retornar la casa rodante dentro del plazo autorizado y a no realizar actos u omisiones que configuren infracciones o delitos por el indebido uso o destino de las mismas;

IV. Realizar el pago correspondiente por concepto del trámite para la importación temporal de casas rodantes, y

V. Cumplir con los demás requisitos que señale el SAT mediante Reglas.

Artículo 163. La importación temporal de Mercancías destinadas al mantenimiento y reparación de los bienes importados al amparo del artículo 106 de la Ley, excepto automóviles y camiones, se podrá autorizar utilizando la forma oficial aprobada por el SAT, en la que se señalará:

I. Los datos relativos al Pedimento o a la forma oficial utilizada para la importación temporal de los bienes objeto de mantenimiento o reparación, y

II. Los números de serie, parte, marca, modelo o, en su defecto, las especificaciones técnicas o comerciales necesarias para identificar las Mercancías y distinguirlas de otras similares, cuando se trate de Mercancías susceptibles de ser identificadas individualmente y dichos datos existan.

A la solicitud a que se refiere el presente artículo, se deberá anexar una carta del Residente en Territorio Nacional que tenga bajo su custodia las Mercancías, en la que de conformidad con lo establecido en el artículo 26, fracción VIII del Código Fiscal de la Federación, asuma la responsabilidad solidaria de los créditos que lleguen a derivarse, en caso de que éstas no sean retornadas al extranjero, destruidas o importadas en forma definitiva.

Las Mercancías destinadas al mantenimiento y reparación de los bienes importados temporalmente a que se refiere este artículo, no deberán cumplir con la obligación de retorno. Aquellos equipos que por su naturaleza sean incorporados a dichos bienes, deberán retornar con los mismos.

Las partes o refacciones reemplazadas por las Mercancías importadas temporalmente al amparo de este artículo, deberán ser retornadas, destruidas o importadas en forma definitiva.

Artículo 164. Las personas que hubieran importado temporalmente Mercancías, en vez de retornarlas o destruirlas, podrán donarlas al Fisco Federal, conforme al siguiente procedimiento:

I. Presentar una promoción ante la Autoridad Aduanera más cercana al lugar donde se encuentren las Mercancías que se pretendan donar, y

II. Acompañar a dicha promoción, las Mercancías de que se trate, o una muestra de las mismas, a fin de que la Autoridad Aduanera emita la resolución en la que determine si se acepta o rechaza la donación.

Cuando la Autoridad Aduanera no dicte la resolución señalada en el párrafo anterior dentro del mes siguiente a la presentación de la promoción respectiva, se entenderá que la donación a favor del Fisco Federal ha sido aceptada. Lo dispuesto en este párrafo no será aplicable a las Mercancías explosivas, inflamables, corrosivas, contaminantes, radiactivas o perecederas, salvo las que determine el SAT mediante Reglas.

Artículo 165. Para efectos del artículo 107, primer párrafo de la Ley, la importación temporal, retorno y transferencia de locomotoras, carros de ferrocarril y equipo especializado relacionado con la industria ferroviaria para el transporte en territorio nacional de las Mercancías que en ellos se hubieren introducido al país o las que se conduzcan para su exportación, se efectuará mediante listas de intercambio conforme a lo que señale el SAT mediante Reglas.

Sección Segunda. Para Transformación, Elaboración o Reparación

Artículo 166. Para efectos de lo dispuesto en el artículo 105 de la Ley, las empresas con programa de manufactura, maquila y de servicios de exportación autorizados por la Secretaría de Economía, podrán considerar como cumplida la obligación de retorno de las Mercancías importadas temporalmente que se transfieran, siempre que tramiten los Pedimentos conforme al artículo 112 de la Ley y cumplan con el procedimiento que establezca el SAT mediante Reglas.

Para realizar las transferencias de Mercancías a que se refiere el párrafo anterior, se deberá observar lo siguiente:

I. Los Pedimentos que se tramiten únicamente podrán amparar las Mercancías que se trasladen en un solo vehículo;

II. Las Mercancías a que se refiere el artículo 108, fracción I de la Ley, no podrán transferirse en el mismo estado en que fueron importadas temporalmente, salvo que se trate de transferencias efectuadas por empresas con programa de manufactura, maquila y de servicios de exportación autorizados por la Secretaría de Economía, en su modalidad de servicios, y

III. El plazo de permanencia en el país de las Mercancías que se transfieran será de seis meses, excepto tratándose de las transferencias que reciban las empresas que cuenten con autorización en el registro de empresas certificadas de conformidad con el artículo 100-A de la Ley, y de las Mercancías a que se refiere el artículo 108, fracciones II y III de la Ley, así como en los casos que señale el SAT mediante Reglas, por los plazos que correspondan conforme a las disposiciones jurídicas aplicables.

El SAT podrá establecer mediante Reglas, condiciones adicionales para el adecuado control en la transferencia de las Mercancías.

Artículo 167. Para efectos de lo establecido en el artículo 108, cuarto párrafo de la Ley, se considerará que los Residentes en Territorio Nacional que enajenen productos a las empresas con programa de manufactura, maquila y de servicios de exportación autorizados por la Secretaría de Economía cuentan con la constancia de exportación, cuando tramiten los Pedimentos a que se refiere el artículo 112 de la Ley.

Artículo 168. Para efectos del artículo 109, párrafo primero de la Ley, las empresas con programa de manufactura, maquila y de servicios de exportación autorizados por la

Secretaría de Economía, deberán presentar la información señalada anualmente y mediante la forma oficial aprobada por el SAT.

Artículo 169. Los procesos de transformación, elaboración o reparación de las Mercancías importadas temporalmente a que se refiere el último párrafo del artículo 112 de la Ley, podrán realizarse por persona distinta a la empresa con programa de manufactura, maquila y de servicios de exportación autorizado por la Secretaría de Economía, siempre que se presente aviso al SAT, en Documento Electrónico o Digital, en el que se señale y se acompañe la documentación siguiente:

I. La denominación o razón social, registro federal de contribuyentes y número del programa de la empresa que transfiere, así como el domicilio de la planta o bodega de origen donde se encuentran las Mercancías a transferir;

II. El nombre, denominación o razón social, domicilio y clave del registro federal de contribuyentes de la persona física o moral que realizará el proceso industrial, y el lugar en que éste se efectuará;

III. Compromiso del tercero de realizar o continuar el proceso industrial y su aceptación de asumir la responsabilidad solidaria respecto de todas las obligaciones a cargo del beneficiario del régimen;

IV. Copia del oficio de autorización que al efecto expida la Secretaría de Economía, para efectuar los procesos señalados, y

V. La demás que determine el SAT mediante Reglas.

Artículo 170. Para efectos de los artículos 109, segundo párrafo y 110 de la Ley, las empresas con programa de manufactura, maquila y de servicios de exportación autorizados por la Secretaría de Economía, que cambien del régimen de importación temporal al definitivo, los bienes de activo fijo o las Mercancías que hubieran importado para someterlas a un proceso de transformación o elaboración, no requerirán presentar dichas Mercancías ante la aduana, al momento de que se tramite el Pedimento, el cual deberá tramitarse durante el plazo autorizado para la permanencia de las Mercancías en el país.

Para efectos de lo dispuesto en el párrafo anterior, si el cambio de régimen se realiza una vez iniciadas las facultades de comprobación, será necesario que las Mercancías se encuentren físicamente en los domicilios registrados para efectos del programa autorizado por la Secretaría de Economía.

Artículo 171. Las cantidades que sean declaradas por concepto de Mermas y Desperdicios, deberán ser las que efectivamente correspondan a tales conceptos, no siendo aplicable el porcentaje consignado en el programa respectivo.

Artículo 172. Las empresas con programa de manufactura, maquila y de servicios de exportación autorizados por la Secretaría de Economía, en lugar de retornar las Mercancías importadas temporalmente, podrán donarlas al Fisco Federal, siempre que cumplan los requisitos a que se refiere el artículo 164 de este Reglamento.

En lugar de retornar o destruir los Desperdicios a que se refiere el último párrafo del artículo 109 de la Ley, podrán efectuar la donación de los mismos a personas morales con fines no lucrativos autorizadas para recibir donativos de conformidad con la Ley del Impuesto sobre la Renta, presentando los Pedimentos que amparen el retorno y la importación definitiva de las Mercancías y adjuntando al Pedimento de retorno la autorización de donación, así como lo demás que establezca el SAT mediante Reglas. Asimismo, se deberá cumplir con las regulaciones y restricciones no arancelarias aplicables al régimen que se destinen.

Los Desperdicios considerados como residuos peligrosos por la Ley General para la Prevención y Gestión Integral de los Residuos y demás disposiciones aplicables en la materia, no serán susceptibles de donación.

Se podrá cumplir con la obligación de retornar la maquinaria y equipos obsoletos, que tengan una antigüedad mínima de tres años contados a partir de la fecha en que se realizó la importación temporal conforme a sus programas autorizados, efectuando la donación de dichas Mercancías a personas morales con fines no lucrativos autorizadas para recibir donativos deducibles de conformidad con la Ley del Impuesto sobre la Renta, presentando los Pedimentos que amparen el retorno y la importación definitiva de las Mercancías y adjuntando al Pedimento de retorno la autorización de donación, así como lo demás que establezca el SAT mediante Reglas. Asimismo, se deberá cumplir con las regulaciones y restricciones no arancelarias aplicables al régimen que se destinen.

Artículo 173. Para efectos del artículo 108 de la Ley, el cómputo del plazo de permanencia en territorio nacional de las Mercancías importadas temporalmente por las empresas con programa de manufactura, maquila y de servicios de exportación autorizados por la Secretaría de Economía, inicia cuando se activa el Mecanismo de Selección Automatizado y se cumplen los requisitos y las formalidades del despacho aduanero.

Tratándose de las operaciones que se efectúen mediante Pedimento Consolidado conforme a los artículos 37 y 37-A de la Ley, el cómputo del plazo a que se refiere el párrafo anterior, inicia a partir de la fecha del cierre del Pedimento Consolidado ante el Sistema Electrónico Aduanero.

Artículo 174. Para efectos del artículo 117, primer párrafo de la Ley, las empresas con programa de manufactura, maquila y de servicios de exportación autorizados por la Secretaría de Economía, que hayan efectuado importaciones temporales de equipos completos, partes o componentes de dichas Mercancías, para efectuar su retorno con el propósito de que sean reparados en el extranjero o para su sustitución, deberán someterse al régimen de exportación temporal previsto en dicha disposición.

Artículo 175. Para efectos del artículo 108 de la Ley, las empresas con programa de manufactura, maquila y de servicios de exportación autorizados por la Secretaría de Economía, que con motivo de una fusión o escisión de sociedades, desaparezcan o se extingan, se entenderán que transfieren las Mercancías importadas temporalmente al amparo de sus respectivos programas, a las empresas que subsistan o sean creadas y que, obtengan el programa de maquila, manufactura y de servicios de exportación o la ampliación del mismo.

Para los efectos del cómputo de los plazos de permanencia de Mercancías a que se refiere el artículo 108 de la Ley, se estará a lo previsto por el artículo 173 de este Reglamento, independientemente de la fecha de la fusión o escisión.

Artículo 176. Para efectos del último párrafo del artículo 111 de la Ley, se autorizará el retorno de Mercancías extranjeras en el mismo estado en que se introdujeron al país y que hubieran sido importadas temporalmente para su transformación, elaboración o reparación, siempre que en el Pedimento de exportación, se señalen los motivos por los que se efectúa el retorno. La Autoridad Aduanera en ejercicio de sus facultades podrá requerir la comprobación de los motivos señalados en los documentos referidos, estando obligado el importador a proporcionar la justificación correspondiente.

Capítulo V. Depósito Fiscal

Sección Primera. Almacenes Generales de Depósito

Artículo 177. Para efectos del artículo 119, primer párrafo de la Ley, los almacenes generales de depósito podrán obtener la autorización respectiva, cuando se encuentren al corriente en el cumplimiento de sus obligaciones fiscales, acrediten la propiedad o la legal posesión de las instalaciones en las que prestarán el servicio de almacenamiento de Mercancías, y cumplan con los demás requisitos que establezca el SAT mediante Reglas.

Las Mercancías que se introduzcan al régimen de depósito fiscal, podrán permanecer en el mismo por un plazo de veinticuatro meses.

La autorización se otorgará con vigencia de hasta diez años, o por la que el almacén general de depósito solicitante acredite la propiedad o legal posesión de las instalaciones objeto de su solicitud, en caso de ser menor.

Se cancelará la autorización a que se refiere el primer párrafo de este artículo, cuando el titular incurra en cualquiera de los siguientes supuestos:

I. Permita el retiro de Mercancías sin cumplir con las formalidades para su retorno al extranjero o sin que se hayan pagado las contribuciones y, en su caso, cuotas compensatorias causadas con motivo de su importación o exportación;

II. Cuando almacene en depósito fiscal Mercancía que no deba ser objeto de dicho régimen en términos del artículo 123 de la Ley;

III. Cuando por cualquier motivo incumpla con los requisitos exigidos para el otorgamiento de la autorización o, en su caso, con lo dispuesto en el párrafo tercero del artículo 119 de la Ley, y

IV. En los demás casos previstos en la Ley, este Reglamento y la autorización respectiva.

La Autoridad Aduanera cancelará la autorización, sujetándose para ello al procedimiento previsto en el artículo 144-A de la Ley.

Para efectos de la suspensión a que hace referencia el tercer párrafo del artículo 119 de la Ley, la Autoridad Aduanera deberá hacer del conocimiento del almacén general de depósito correspondiente las irregularidades detectadas en el ejercicio de sus facultades de comprobación, mediante la notificación del acuerdo de inicio del procedimiento de suspensión de la autorización, otorgándole un plazo de quince días contado a partir de la notificación, para que acredite el cumplimiento de las obligaciones a que se refiere el artículo 119, segundo párrafo de la Ley cuyo incumplimiento haya dado inicio al procedimiento de suspensión, ofrecer pruebas y manifestar lo que a su derecho convenga.

En caso de que en dicho plazo no se acredite el cumplimiento de las obligaciones a que se refiere el párrafo anterior, se suspenderá la autorización hasta que el almacén general de depósito demuestre su cumplimiento, mediante la emisión y notificación de la resolución que corresponda, resolución que deberá dictarse en un plazo que no excederá de tres meses contado a partir del inicio del procedimiento; transcurrido dicho plazo sin que se notifique la resolución, quedarán sin efectos las actuaciones de la autoridad que dieron inicio al procedimiento, sin perjuicio del ejercicio de las facultades de comprobación.

En caso de destrucción, por accidente o caso fortuito, de Mercancías que se encuentren en depósito fiscal, el almacén general de depósito deberá dar aviso de dicha circunstancia a la aduana en cuya circunscripción territorial esté ubicado, dentro de las veinticuatro horas siguientes al suceso, describiendo las Mercancías objeto de dicha destrucción y los datos que identifiquen la operación aduanera a la que se encontraban sujetas.

Artículo 178. Cuando los almacenes generales de depósito, para efectos del artículo anterior, cuenten con bodegas, sucursales o nuevas instalaciones, deberán señalar los domicilios de dichos lugares ante el registro federal de contribuyentes. Tratándose del traslado de Mercancías sujetas al régimen de depósito fiscal, de la aduana de despacho al almacén general de depósito, además del Pedimento y las formalidades establecidas en la Ley, los interesados y la empresa transportista deberán proporcionar a las Autoridades Aduaneras información de control relacionada con las rutas y tiempos en que los bienes arribarán al almacén una vez efectuado su despacho ante la aduana.

Artículo 179. Los almacenes generales de depósito podrán destruir las Mercancías cumpliendo con los requisitos previstos en el artículo 142 de este Reglamento, cuando se trate de Mercancías que no hubieran sido enajenadas de conformidad con el procedimiento previsto en la ley de la materia.

Asimismo, podrán donar a favor del Fisco Federal las Mercancías a que se refiere este artículo, siempre que presenten solicitud ante la Autoridad Aduanera, en la que se describan dichas Mercancías, y se señale el lugar y estado en que las mismas se encuentran. La Autoridad Aduanera resolverá dentro de los treinta días siguientes a la presentación de la solicitud, en caso contrario, se entenderá que dicha donación ha sido aceptada. Lo dispuesto en este párrafo, no será aplicable a las Mercancías explosivas, inflamables, corrosivas, contaminantes o radiactivas y demás residuos peligrosos considerados así por la Ley General para la Prevención y Gestión Integral de los Residuos y demás disposiciones aplicables en la materia.

La Autoridad Aduanera deberá recoger las Mercancías que hubieran sido donadas a favor del Fisco Federal en un término de treinta días contados a partir de la fecha en que debió emitir la resolución correspondiente. En caso de no recogerlas, los almacenes generales de depósito podrán proceder a su destrucción, de acuerdo a lo previsto en el artículo 142 de este Reglamento.

Sección Segunda. Exposición y Venta de Mercancías Extranjeras y Nacionales

Artículo 180. Para efectos de lo dispuesto en el artículo 121, fracción I de la Ley, la Autoridad Aduanera podrá autorizar el establecimiento de depósitos fiscales para la exposición y venta de Mercancías extranjeras y nacionales, siempre que los interesados cumplan lo previsto en la Ley y los siguientes requisitos:

I. Sean propietarios o poseedores de locales en aeropuertos internacionales, puertos marítimos de altura o en cruces fronterizos autorizados para la entrada y salida de personas del territorio nacional;

II. Presenten su programa de inversión;

III. Instalen el equipo de cómputo y de transmisión de datos en los términos que señale el SAT;

IV. Cuenten con locales que reúnan las condiciones de seguridad que requiera la Autoridad Aduanera y anexen los planos de los mismos, en donde se señalen las adaptaciones a realizar y los plazos que se requieran para tal efecto;

V. Otorguen una garantía en los montos y medios que determine el SAT, y

VI. Las demás que establezca el SAT mediante Reglas.

La vigencia de la autorización podrá prorrogarse a solicitud del interesado, hasta por un plazo igual, siempre que la solicitud se presente sesenta días antes del vencimiento de la autorización y se acredite el cumplimiento de los requisitos señalados para el otorgamiento de la autorización al momento de la solicitud de prórroga, y los que se exijan en las Reglas que al efecto emita el SAT, así como demostrar que se encuentra al corriente en el cumplimiento de las obligaciones inherentes a la autorización. Tanto la prórroga como la autorización no podrán ser mayor al tiempo por el que se acredite la legal posesión o propiedad de la instalación.

Artículo 181. Para efectos del artículo 119, séptimo párrafo de la Ley, el plazo de veinte días naturales se computará a partir de la fecha en que se transmita el aviso de conclusión del despacho aduanero.

Sección Tercera. Depósito Fiscal Automotriz

Artículo 182. Para efectos de lo dispuesto en el artículo 121, fracción IV de la Ley, la Autoridad Aduanera podrá autorizar el establecimiento de depósitos fiscales para someter Mercancías al proceso de ensamble y fabricación de vehículos, a empresas de la industria automotriz terminal, siempre que los interesados se encuentren al corriente en el cumplimiento de sus obligaciones fiscales y cumplan con los siguientes requisitos:

I. Sean propietarios o poseedores de las instalaciones por las que se pretende obtener autorización;

II. Se encuentren inscritos como empresa productora de vehículos automotores ligeros nuevos o en el Programa de Promoción Sectorial de la Industria Automotriz y de Autopartes;

III. Presenten croquis del inmueble que se pretenda autorizar;

IV. Acrediten el pago que corresponda conforme a la Ley Federal de Derechos, y

V. Los demás que establezca el SAT mediante Reglas.

La vigencia de la autorización será de hasta diez años y podrá prorrogarse a solicitud del interesado, hasta por un plazo igual, siempre que la solicitud de prórroga se presente sesenta días antes del vencimiento de la autorización y se acredite el cumplimiento de los requisitos señalados para el otorgamiento de la autorización al momento de dicha solicitud, y se encuentre al corriente en el cumplimiento de las obligaciones inherentes a la autorización.

En ningún caso, el plazo de la autorización y de la prórroga, será mayor a aquél por el que el autorizado tenga la legal posesión de las instalaciones por las que se pretende obtener autorización.

El SAT cancelará la autorización conforme al procedimiento previsto en el artículo 144-A de la Ley, a quienes dejen de cumplir los requisitos previstos para el otorgamiento de la autorización y las obligaciones inherentes a la autorización.

Artículo 183. Las empresas de la industria automotriz terminal que obtengan autorización para el establecimiento de depósitos fiscales para someter Mercancías al proceso de ensamble y fabricación de vehículos, tendrán las siguientes obligaciones:

I. Realizar el pago del derecho que corresponda, de conformidad con lo dispuesto en la Ley Federal de Derechos;

II. Presentar los reportes que correspondan, respecto a las operaciones de comercio exterior, en los términos que señale el SAT mediante Reglas;

III. Transmitir sus operaciones a través del Sistema Electrónico Aduanero, conforme a los lineamientos que al efecto emita el SAT, y

IV. Las demás que establezcan la Ley y este Reglamento.

Sección Cuarta. Depósito Fiscal para Locales Destinados a Exposiciones Internacionales de Mercancías

Artículo 184. Para efectos del artículo 121, fracción III de la Ley, se consideran exposiciones internacionales aquellas demostraciones o exhibiciones privadas o públicas que organizan personas, cuya finalidad sea la venta de sus productos o servicios.

Se podrán importar Mercancías para su distribución gratuita entre los asistentes o participantes de la exposición internacional, siempre que se identifiquen mediante sellos o marcas permanentes que las distingan individualmente como destinadas a dicha exposición.

No se requerirá comprobar el retorno al extranjero de las Mercancías a que se refiere este artículo, siempre que las mismas no excedan del valor unitario que señale el SAT mediante Reglas.

Artículo 185. Para efectos del artículo 121, fracción III de la Ley, se podrá autorizar temporalmente el establecimiento de depósitos fiscales para locales destinados a exposiciones internacionales de Mercancías, siempre que se cumplan los siguientes requisitos:

I. Presentar solicitud, ante la Autoridad Aduanera, con quince días de anticipación a la celebración del evento;

II. Contar con la participación de al menos un expositor con residencia en el extranjero;

III. Presentar manifestación mediante la cual los organizadores del evento, asuman la responsabilidad solidaria con el importador en caso de incumplimiento de las disposiciones legales;

IV. Acompañar a la solicitud, la documentación que acredite la promoción publicitaria del evento;

V. Señalar que la duración del evento no excederá de un mes, y

VI. Las demás que establezca el SAT mediante Reglas.

No será necesario solicitar autorización previa, cuando el expositor contrate los servicios de un almacén general de depósito autorizado por la Autoridad Aduanera para el control de las Mercancías de importación a que se refiere este artículo y, cuente con la correspondiente carta de cupo.

Las Mercancías que se destinen al régimen de depósito fiscal para exposiciones internacionales, al término de éstas, podrán continuar bajo dicho régimen fiscal en un almacén general de depósito, siempre que se transmita un Pedimento para su retorno al extranjero y el almacén general de depósito transmita el respectivo Pedimento ante la Autoridad Aduanera y emita la carta de cupo a que se refiere el artículo 119 de la Ley. Ambos Pedimentos deberán tramitarse simultáneamente en la misma aduana sin que se requiera la presentación física de las Mercancías.

Las Mercancías que se destinen al régimen de depósito fiscal en términos de este artículo, estarán a lo dispuesto en el párrafo cuarto del artículo 119 de la Ley.

Capítulo VI. Tránsito de Mercancías

Artículo 186. El tránsito interno de bienes de consumo final, se realizará mediante Pedimento elaborado por el importador o su representante legal, o bien, por el agente aduanal, proporcionando a las Autoridades Aduaneras la información de control relacionada con las rutas y tiempos en que los bienes arribarán a la aduana de despacho.

Artículo 187. Para efectos del artículo 126 de la Ley, se elaborará un Pedimento de tránsito interno por remolque, semirremolque o contenedor en el que se anotará el número de bultos y la descripción de las Mercancías, tal y como se declaró en el documento de transporte, según sea el caso.

Los remolques, semirremolques o contenedores deberán portar los candados oficiales que aseguren sus puertas, desde su entrada al territorio nacional.

Los contenedores de veinte pies y los que se transporten en plataforma de estiba sencilla, deberán estibarse puerta con puerta. Los contenedores de más de veinte pies deberán transportarse en góndolas y la puerta de acceso del contenedor se colocará contra la pared de la misma.

Artículo 188. De conformidad con lo dispuesto en el artículo 40, y en los párrafos terceros de los artículos 128 y 132 de la Ley, el importador, exportador, agente aduanal o, en su caso, el transportista, o la persona física o moral que efectúe el tránsito internacional, deberá dar aviso a la Autoridad Aduanera del arribo extemporáneo de la Mercancía, remitiendo copia del mismo a la aduana de destino. Dicho aviso deberá contener la siguiente información:

I. Las causas que originaron el retraso;

II. El lugar donde se encuentra el medio de transporte, y

III. El número del Pedimento de tránsito y el estado de los candados oficiales, señalando las causas de las alteraciones, rupturas o violación de los mismos, en su caso.

El aviso deberá presentarse a más tardar al día siguiente de ocurrido el incidente.

Artículo 189. Para obtener la inscripción en el registro de empresas transportistas de Mercancías en tránsito a que se refieren los artículos 129 y 133 de la Ley, se deberá presentar solicitud mediante el formato que para tal efecto establezca el SAT mediante Reglas, el cual deberá contener la siguiente información:

I. Nombre, razón o denominación social y registro federal de contribuyentes de la empresa transportista;

II. Actividad preponderante del solicitante;

III. Domicilio fiscal de la empresa transportista y el señalado para oír y recibir notificaciones;

IV. Nombre y registro federal de contribuyentes del representante legal y los datos del poder mediante el cual acredita su personalidad y sus facultades para obligar solidariamente a la empresa, y

V. La demás que señale el SAT mediante Reglas.

Capítulo VII. Recinto Fiscalizado Estratégico

Artículo 190. Para efectos del artículo 14-D de la Ley, el SAT podrá habilitar un inmueble para la introducción de Mercancías bajo el régimen de recinto fiscalizado estratégico y otorgar la autorización para su administración, siempre que el citado inmueble se ubique dentro de la circunscripción de cualquier aduana en una zona estratégica de desarrollo en territorio nacional y se cumplan los demás requisitos que exija el SAT mediante Reglas.

TÍTULO QUINTO. FRANJA Y REGIÓN FRONTERIZA

Capítulo Único. Internación, Traslado y Reexpedición de Mercancías en la Franja y Región Fronteriza

Artículo 191. Quienes pretendan la internación o salida de Mercancías de procedencia extranjera o legalizada de una franja o región fronteriza a otra, cubrirán las contribuciones exigibles en esta última y cumplirán las obligaciones en materia de regulaciones y restricciones no arancelarias aplicables.

El traslado de Mercancías extranjeras de una franja o región fronteriza se podrá efectuar bajo el régimen de tránsito interno, siempre que los interesados cumplan las formalidades del régimen y se proporcione a las Autoridades Aduaneras información de control relacionada con las rutas y tiempos en que los bienes arribarán al lugar de destino.

Cuando las Mercancías no arriben a la aduana de destino dentro de los plazos concedidos para su traslado, se considerará que las mismas fueron reexpedidas por el enajenante, y éste deberá efectuar el pago de las contribuciones causadas y de los accesorios correspondientes, dentro de los quince días siguientes al del vencimiento del plazo de referencia.

Artículo 192. Cuando se destinen al resto del territorio nacional, materias primas o productos agropecuarios nacionales, que por su naturaleza sean confundibles con Mercancías o productos de procedencia extranjera o no sea posible determinar su origen, se deberá acreditar que las Mercancías fueron producidas en la franja o región fronteriza mediante los documentos que para tal efecto señale el SAT mediante Reglas, así como presentar, ante la aduana por la que se introduzcan dichas Mercancías, una promoción que contenga lo siguiente:

I. Descripción detallada de las Mercancías, así como su cantidad, peso y volumen;

II. Población a la que serán destinadas, y

III. Población en las que se produjeron.

Artículo 193. Cuando las Mercancías de importación destinadas a la franja o región fronteriza entren al país por alguna aduana ubicada fuera de ella y tengan que transitar por territorio nacional para llegar a su destino, se sujetará a los siguientes requisitos:

I. Si se hace por tierra se debe realizar conforme al artículo 186 de este Reglamento;

II. Si se hace por mar se debe realizar conforme al tráfico mixto, y

III. Si se hace por tierra y por mar, conforme a la fracción I hasta donde hayan de reembarcarse y, de acuerdo a la fracción II hasta la de destino.

Artículo 194. El SAT señalará mediante Reglas los artículos que integran el equipaje de los pasajeros procedentes de la franja o región fronteriza con destino al resto del país, por el que no se pagarán los impuestos a la importación.

El menaje de casa que los residentes en la franja y región fronteriza podrán reexpedir al resto del país libre del pago de impuestos, comprende los efectos a que se refiere el artículo 100 de este Reglamento.

Artículo 195. Las Mercancías importadas a la franja o región fronteriza, se podrán reexpedir al resto del territorio nacional para ser sometidas a un proceso de transformación, elaboración o reparación hasta por seis meses, siempre que se presente el Pedimento de reexpedición y se paguen las contribuciones correspondientes mediante depósitos en las cuentas aduaneras a que se refiere el artículo 86 de la Ley, cuando se cumplan los requisitos establecidos en dicho artículo y sin perjuicio de la obligación de cumplir con los demás requisitos establecidos por la propia Ley.

Artículo 196. Las personas que efectúen la reexpedición de Mercancías que hayan sido sometidas a procesos de transformación o elaboración en la franja o región fronteriza, siempre que en el momento de su importación definitiva se hubieran pagado las contribuciones correspondientes al interior del país, podrán efectuar la reexpedición sin necesidad de presentar Pedimento. La Mercancía deberá ir acompañada de una copia de la autorización de la Autoridad Aduanera.

Artículo 197. Las empresas con programa de manufactura, maquila y de servicios de exportación autorizados por la Secretaría de Economía, ubicadas en la franja o región fronteriza cuando en términos de sus respectivos programas, transfieran Mercancías importadas temporalmente a otras empresas ubicadas en el resto del territorio nacional, deberán presentar simultáneamente y ante la misma aduana, los Pedimentos correspondientes. Asimismo, cuando en términos de sus respectivos programas, reexpidan dichas Mercancías a otros locales de la misma empresa ubicados en el resto del territorio nacional, deberán transmitir el Pedimento correspondiente.

En los casos a que se refiere el párrafo anterior, se deberá efectuar la presentación física de las Mercancías que se transfieran ante la aduana que corresponda.

Las empresas con programa de manufactura, maquila y de servicios de exportación autorizados por la Secretaría de Economía, ubicadas en el resto del territorio nacional, que en términos de sus respectivos programas, transfieran Mercancías importadas temporalmente a otras ubicadas en la franja o región fronteriza, previo a la internación, deberán presentar una declaración mediante promoción ante la Autoridad Aduanera, en la que manifiesten que la Mercancía será sometida a un proceso de elaboración, transformación o reparación, para ser retornada al resto del territorio nacional. Cuando dichas Mercancías retornen al resto del territorio nacional, deberán hacerlo por el mismo punto de revisión.

Lo dispuesto en este artículo será aplicable tanto para el traslado de Mercancías de la región o franja fronteriza al interior del país y viceversa, así como para el traslado de Mercancías de un punto de la región o franja fronteriza a otro de la misma, cuando se requiera transitar por el resto del territorio nacional.

En el caso de que se efectúe el cambio de régimen de importación temporal a definitivo de las Mercancías trasladadas en el resto del territorio nacional, en el Pedimento de cambio de régimen se deberán aplicar las tasas correspondientes al resto del territorio nacional.

Artículo 198. Para efectos del artículo 62, fracción II, inciso b), segundo párrafo de la Ley, los Residentes en Territorio Nacional que hubieran importado vehículos a la franja o región fronteriza y que deseen internarlos temporalmente al resto del país, deberán cumplir los siguientes requisitos:

I. Solicitar un permiso de internación temporal de vehículos en las aduanas fronterizas del territorio nacional;

II. Acreditar que el vehículo se encuentra importado en forma definitiva a la franja o región fronteriza, mediante el Pedimento de importación correspondiente a nombre del interesado o, en su caso, mediante copia certificada del Pedimento a nombre del importador original y la factura o comprobante fiscal digital que cumpla con los requisitos previstos en el artículo 29-A del Código Fiscal de la Federación, si se trata de venta realizada en territorio nacional.

Si la venta se efectuó entre particulares que no se encuentran obligados a expedir factura, se deberá exhibir el Pedimento respectivo a nombre del importador original endosado a su nombre o, en su caso, con continuidad en los endosos que acrediten que quien interna el vehículo es el último adquirente. Si el adquirente cuenta con financiamiento deberá exhibir el Pedimento a nombre del importador original y la carta de crédito o carta factura otorgada por la empresa o institución que esté financiando la compra;

III. Acreditar que residen en la franja o región fronteriza;

IV. Garantizar al SAT el pago de los créditos fiscales que pudieran causarse por exceder los plazos autorizados para el retorno del vehículo o por la comisión de las infracciones previstas en la Ley en relación con la internación temporal, en los términos y condiciones que en su caso señale el SAT mediante Reglas;

V. Cubrir las cantidades que para los trámites de internación determine el SAT, y

VI. Declarar bajo protesta de decir verdad, que el interesado se compromete a retornar el vehículo de que se trate dentro del plazo autorizado y a no realizar actos u omisiones que configuren infracciones o delitos por el indebido uso o destino del mismo.

Para registrar el retorno del vehículo internado temporalmente, y obtener el comprobante de dicho retorno, el interesado deberá presentarse con su vehículo en las aduanas fronterizas del territorio nacional.

TÍTULO SEXTO. ATRIBUCIONES DE LAS AUTORIDADES FISCALES

Capítulo I. Disposiciones Generales

Artículo 199. Para efectos del artículo 4, fracción II, inciso a) de la Ley, en correlación con el precepto 144, fracciones VI, IX y XI del citado ordenamiento, para la revisión de Mercancías con medios tecnológicos, las personas que operen o administren puertos de altura, aeropuertos internacionales o presten servicios auxiliares de terminales ferroviarias de pasajeros y de carga, pondrán a consideración de las Autoridades Aduaneras un programa de inversión en el que señalen el tipo de equipos que se pretende adquirir, así como las condiciones y plazos para su instalación y eventual mantenimiento.

Capítulo II. Procedimientos Administrativos

Artículo 200. Para efectos de los artículos 1o. y 43 de la Ley, cuando en el Reconocimiento Aduanero o verificación de Mercancías en transporte, sea necesario levantar acta circunstanciada en la que se hagan constar las irregularidades detectadas, en términos de los artículos 150 a 153 de la Ley, las Autoridades Aduaneras podrán levantar actas parciales y final, cuando el acto de comprobación se concluya en un término mayor al día de su inicio, sujetándose en lo aplicable a lo dispuesto en el Código Fiscal de la Federación, sin que al respecto los actos de comprobación se puedan extender por un plazo de cinco días contado a partir de su inicio, salvo causas debidamente justificadas. De no cumplirse con los plazos señalados quedarán sin efectos las actuaciones de la Autoridad Aduanera.

Artículo 201. El plazo de cuatro meses a que se refieren los artículos 152, 153 y 155 de la Ley, para emitir la resolución definitiva, se suspenderá en los siguientes casos:

I. Por mandato de autoridad jurisdiccional, hasta que ésta determine su resolución, y

II. Por imposibilidad de la autoridad para continuar con el procedimiento por caso fortuito o fuerza mayor, hasta que la causa desaparezca, lo cual se deberá publicar en el Diario Oficial de la Federación y en la página de Internet del SAT.

En los casos antes señalados, la Autoridad Aduanera deberá notificar al contribuyente la fecha de suspensión y reactivación del plazo.

Artículo 202. El propietario, tenedor o conductor de las Mercancías embargadas podrá solicitar su entrega a la Autoridad Aduanera, previa garantía de las probables contribuciones omitidas, multas y recargos, una vez que la Autoridad Aduanera haya practicado la clasificación arancelaria de las Mercancías, aun cuando no se haya dictado la resolución al procedimiento y siempre que no se trate de las Mercancías que, conforme a la Ley, sean de las que pasan a propiedad del Fisco Federal.

No procederá el embargo precautorio de los tractocamiones, camiones, remolques, semirremolques y contenedores, cuando transporten Mercancías de procedencia extranjera que hayan sido objeto de embargo precautorio, siempre que se encuentren legalmente en el país, se presente la carta de porte al momento del acto de comprobación y se deposite la Mercancía en el recinto fiscal o fiscalizado que determine la Autoridad Aduanera.

Artículo 203. Cuando durante el desarrollo de una visita domiciliaria la Autoridad Aduanera detecte Mercancía de procedencia extranjera que deba ser embargada en los términos del artículo 151 de la Ley, la autoridad podrá nombrar al contribuyente visitado como depositario de dichas Mercancías cuando se trate de maquinaria, equipo o Mercancía considerada de difícil extracción por sus características o volumen, siempre que no exista peligro inminente de que el contribuyente realice cualquier maniobra tendiente a evadir el cumplimiento de sus obligaciones fiscales.

Artículo 204. Para efectos de los artículos 14, 14-A, 14-D, 119 y 121 de la Ley, cuando por cualquier causa se extinga la concesión o deje surtir sus efectos la autorización de que se trate, la Autoridad Aduanera notificará a los propietarios o consignatarios de las Mercancías que se encuentren en el recinto fiscalizado concesionado, recinto fiscalizado autorizado, recinto fiscalizado estratégico, almacén general de depósito o en los locales habilitados conforme al artículo 121 de la Ley, para que en un plazo de quince días, contado a partir de la notificación, transfieran las Mercancías a otro recinto, almacén o local, en los casos que sea posible, conforme a las disposiciones aplicables, o bien las destinen a algún otro régimen aduanero. De no efectuarse la transferencia o de no destinarse a algún otro régimen aduanero en el plazo señalado, las Mercancías causarán abandono a favor del Fisco Federal en el primer caso, en los términos aplicables para ello y en el segundo se entenderá que se encuentran ilegalmente en el país.

En términos de lo dispuesto en el artículo 144-A de la Ley, lo previsto en este artículo no será aplicable a los casos de revocación de la concesión, ni la cancelación de la autorización correspondiente.

Capítulo III. Indemnización por parte de la Autoridad Aduanera

Artículo 205. Para efectos del artículo 157 de la Ley, tratándose de bienes transferidos al Servicio de Administración y Enajenación de Bienes, previo a la emisión de la resolución que autorice la devolución de la Mercancía, la Autoridad Aduanera requerirá a dicho organismo descentralizado la información relativa al destino de la misma.

Si la Mercancía aún se encuentra físicamente en los depósitos del Servicio de Administración y Enajenación de Bienes, la Autoridad Aduanera solicitará a dicho organismo descentralizado la Mercancía y la pondrá a disposición del particular; en caso contrario, notificará al interesado la imposibilidad material y jurídica para su devolución.

De resultar procedente la autorización del pago de resarcimiento económico o en especie, se deberá turnar copia de la resolución al Servicio de Administración y Enajenación de Bienes para que lleve a cabo las acciones conducentes para dar cumplimiento a dicho pago.

Artículo 206. Cuando una resolución definitiva ordene la devolución de las Mercancías embargadas y la Autoridad Aduanera haya comunicado al particular que existe imposibilidad material o jurídica para devolver las mismas, los particulares podrán solicitar a la autoridad competente la entrega de un bien sustituto con valor similar o el valor del bien, anexando a su solicitud los siguientes documentos:

I. Original o copia certificada de la resolución administrativa o judicial firme dictada por autoridad competente, con su respectiva notificación, en la cual se determine la devolución o el pago del valor de la Mercancía o, en su caso, que declare la nulidad de la resolución que determinó que la Mercancía pasó a propiedad del Fisco Federal;

II. Original o copia certificada del oficio de la Autoridad Aduanera en el que comunique al particular la imposibilidad para devolver la Mercancía objeto del embargo, y

III. El documento en el que acredite la propiedad o legal tenencia de las Mercancías.

Capítulo IV. Del Consejo Asesor

Artículo 207. Para los efectos del artículo 145 de la Ley, el Consejo Asesor del SAT estará integrado por:

I. Un Presidente, quien será el Administrador General, quien de conformidad con el Reglamento Interior del SAT tenga facultades normativas expresas en materia de destino de bienes;

II. Un Secretario Ejecutivo, quien será designado de entre los Administradores Centrales adscritos a la unidad administrativa del Presidente del Consejo Asesor, con facultades normativas en materia de destino de bienes;

III. Administradores Generales que de conformidad con el Reglamento Interior del SAT, tengan facultades vinculadas al embargo precautorio y destino de Mercancías, y

IV. Los representantes de las Cámaras de Comercio, Servicios y Turismo y de las Cámaras de Industria y sus Confederaciones, así como instituciones filantrópicas, asociaciones u organizaciones de la sociedad civil, que se señalen en el Manual que regule el funcionamiento y operación del Consejo Asesor.

El Consejo Asesor podrá invitar conforme a los temas a tratar en el orden del día de las sesiones, a los representantes de las Cámaras Empresariales o asociaciones de industrias que fabriquen o comercialicen Mercancías idénticas o similares a aquéllas cuyo destino se determinará mediante las políticas, criterios o procedimientos que sean sometidas a opinión del Consejo Asesor, así como a otras autoridades que se encuentren vinculadas a los temas de destino de bienes en razón de su competencia.

Artículo 208. El Consejo Asesor tendrá como asesores permanentes a los Titulares del Servicio de Administración y Enajenación de Bienes, del Órgano Interno de Control en el SAT, y de la Dirección General de Vigilancia de Fondos y Valores de la Tesorería de la Federación.

Los integrantes a que se refiere el artículo 207 de este Reglamento tendrán voz y voto.

Los invitados a que se refiere el último párrafo del artículo 207 de este Reglamento y asesores solo tendrán voz.

Artículo 209. El Consejo Asesor tendrá las siguientes funciones:

I. Asesorar y dar opinión al SAT por conducto de las Autoridades Aduaneras y unidades administrativas competentes, respecto a la emisión de políticas, procedimientos y criterios generales en materia de asignación, donación y destrucción de bienes de comercio exterior que pasen a propiedad del Fisco Federal y de los que se pueda disponer, que sean no transferibles al Servicio de Administración y Enajenación de Bienes;

II. Conocer del informe semestral de bienes donados y destruidos por las Autoridades Aduaneras, así como del informe mensual respecto de las asignaciones de Mercancías para el uso del propio SAT, o bien para otras dependencias y entidades de la Administración Pública Federal, las empresas productivas del Estado, sus subsidiarias o filiales, entidades federativas, y municipios, así como a los Poderes Legislativo y Judicial de la Federación, y

III. Las demás que se determinen a través del Manual por el que se determine la operación y funcionamiento del Consejo Asesor.

El Secretario Ejecutivo del Consejo Asesor deberá efectuar las convocatorias para las sesiones; integrar los expedientes de los asuntos que serán sometidos a consideración del Consejo Asesor; dar seguimiento e informar al Consejo Asesor sobre el grado de avance y cumplimiento de acuerdos aprobados; recibir del SAT los informes mensuales de las asignaciones realizadas en los términos del párrafo cuarto del artículo 145 de la Ley y darlos a conocer a los miembros del Consejo Asesor, y designar a un Secretario Técnico para el levantamiento de las minutas de las sesiones que se celebren.

Artículo 210. El Consejo Asesor se sujetará a lo siguiente:

I. Sesionará de manera ordinaria dos veces al año y, en su caso, las sesiones extraordinarias que se requieran.

Para la celebración de las sesiones, la convocatoria se notificará a los integrantes del Consejo Asesor por el Secretario Ejecutivo, con una anticipación de por lo menos cinco días para sesión ordinaria y con dos días para sesión extraordinaria. Dicha notificación se realizará a través de medios electrónicos.

En la convocatoria se señalará el lugar, día y hora en que se realizará la sesión. Asimismo, la convocatoria deberá ir acompañada del orden del día y de la información que estime necesaria el Secretario Ejecutivo correspondiente a los temas a tratar, y

II. Para la validez de las sesiones del Consejo Asesor se requerirá la asistencia de por lo menos la mayoría de los integrantes del Consejo Asesor, entre los cuales deberá estar el Presidente y el Secretario Ejecutivo o sus respectivos suplentes.

Los acuerdos y decisiones serán válidos, si se tiene el voto por mayoría de los miembros presentes en la sesión, en caso de empate, el Presidente del Consejo o su suplente tendrán el voto de calidad.

De cada sesión que se celebre deberá levantarse una minuta que contendrá el orden del día, el nombre y cargo de los asistentes a la sesión, los asuntos tratados y los acuerdos tomados en la misma, la cual obrará en los archivos del Secretario Ejecutivo.

Artículo 211. El Presidente presentará al Consejo Asesor un informe semestral de los bienes que hayan sido donados o destruidos por las Autoridades Aduaneras en el semestre inmediato anterior así como aquellos que se entregaron sin conocimiento del Consejo Asesor, por situaciones emergentes provocadas por fenómenos naturales, climatológicos o que por su naturaleza, fue necesario atender de manera urgente y oportuna.

TÍTULO SÉPTIMO. AGENTES ADUANALES Y REPRESENTANTES LEGALES

Capítulo I. Agentes Aduanales

Artículo 212. La convocatoria a la que se refiere el artículo 159, segundo párrafo de la Ley, se realizará cuando menos cada dos años.

Artículo 213. Para efectos del artículo 160, fracción IV de la Ley, cuando el agente aduanal no haya dado aviso correspondiente del cambio de su domicilio, las Autoridades Aduaneras podrán seguir practicando las notificaciones en el domicilio manifestado y éstas surtirán sus efectos en los términos legales, sin perjuicio de lo dispuesto por el artículo 9o.-A de la Ley.

Artículo 214. El acuerdo por el que el SAT otorgue una patente de agente aduanal se publicará en el Diario Oficial de la Federación por una sola vez a costa del titular de la patente respectiva, quien previamente deberá cubrir los derechos que correspondan.

Los agentes aduanales deberán registrar su patente ante la aduana de adscripción a partir de la publicación a que se refiere el párrafo anterior.

Artículo 215. Para efectos de lo establecido en el artículo 160, fracción I de la Ley, el agente aduanal acreditará que está al corriente de sus obligaciones fiscales, mediante la constancia de cumplimiento de las obligaciones fiscales referida en el último párrafo del artículo 32-D del Código Fiscal de la Federación.

Artículo 216. El examen psicotécnico a que se refiere el artículo 159, fracción IX de la Ley, constará de dos etapas, la de confiabilidad y la psicológica, y serán practicadas por la autoridad competente conforme al Reglamento Interior del SAT.

Artículo 217. Para efectos del artículo 160, fracción III de la Ley, la residencia en territorio nacional se acredita mediante constancia de residencia que expida el municipio o circunscripción territorial en que resida el agente aduanal.

Artículo 218. Para efectos de lo establecido en los artículos 160, fracción VI, y 162, fracción XIII de la Ley, deberá designar a un mandatario aduanal, sólo en aquellos casos en que las necesidades de sus servicios lo requieran.

El agente aduanal deberá acreditar ante la Autoridad Aduanera por lo menos a un mandatario por aduana, sin perjuicio de que uno de ellos podrá actuar indistintamente en cualquiera de las aduanas que aquél tenga autorizadas.

Artículo 219. Para efectos del segundo párrafo del artículo 160 de la Ley, el agente aduanal será inhabilitado por la Autoridad Aduanera, desde el momento en el que se dé el incumplimiento, según la fracción que corresponda de dicho artículo.

Artículo 220. Para efectos del artículo 162, fracción VII, segundo párrafo de la Ley, como parte de la manifestación de valor de las Mercancías, el agente aduanal deberá conservar los documentos a que se refiere el artículo 81 de este Reglamento.

Artículo 221. Los exámenes referidos en el artículo 162, fracción XIV de la Ley, consistirán en evaluar los conocimientos y experiencia de los agentes aduanales en materia de comercio exterior y aduanal.

El SAT determinará en Reglas los lineamientos mediante los que regulará la aplicación de los exámenes, así como la acreditación de las instituciones académicas o especializadas en evaluación.

Artículo 222. Para efectos de lo dispuesto en el artículo 163, fracción II de la Ley, los agentes aduanales podrán constituir un máximo de cuatro sociedades para facilitar la prestación de sus servicios, y deberán:

I. Ser socios accionistas de las mismas;

II. Constituir la sociedad ante notario o corredor público, y

III. Presentar ante el SAT una copia certificada del acta constitutiva de la sociedad en términos del artículo 162, fracción XII de la Ley, sin perjuicio de acreditar su inscripción en los registros que deban realizar conforme a su naturaleza y en los términos de lo previsto por las disposiciones jurídicas aplicables.

Artículo 223. Para efectos del artículo 164, primer párrafo de la Ley, los días de suspensión en el ejercicio de funciones del agente aduanal se computarán de acuerdo al horario que le corresponda a su aduana de adscripción conforme a lo dispuesto en las reglas que al efecto emita el SAT.

Artículo 224. Para efectos de los artículos 164, fracción VII y 165, fracción VII, inciso a) de la Ley, la omisión de los Impuestos al Comercio Exterior, derechos y cuotas compensatorias se determinará considerando los Impuestos al Comercio Exterior que se causarían de haber destinado las Mercancías al régimen de importación definitiva.

Artículo 225. Cuando la patente del agente aduanal sea suspendida, el afectado no podrá iniciar nuevas operaciones, sino solamente concluir las que tuviere validadas y pagadas a la fecha en que le sea notificado el acuerdo o resolución respectiva.

Artículo 226. La causal de cancelación de patente de agente aduanal prevista en el artículo 165, fracción II, inciso a) de la Ley, procederá cuando la omisión en el pago de Impuestos al Comercio Exterior, derechos y cuotas compensatorias, derive del Reconocimiento Aduanero o de cualquier facultad de comprobación de las Autoridades Aduaneras respecto de las Mercancías que se introduzcan o extraigan del territorio nacional.

Artículo 227. Los permisos a los que hace referencia el artículo 165, fracción II, inciso b) de la Ley, son todos aquellos instrumentos que emitan las dependencias y entidades de la Administración Pública Federal, cuya finalidad sea la de regular, restringir o prohibir la importación o exportación de Mercancías.

Artículo 228. Para efectos de lo dispuesto en el artículo 165, fracción II, inciso b) de la Ley, también se considerará que el agente aduanal fue omiso en transmitir o presentar el permiso, cuando éste no ampare la Mercancía presentada a Reconocimiento Aduanero.

Artículo 229. Para efectos del artículo 165, fracciones II, inciso c), y VII, inciso c) de la Ley, se considerarán Mercancías de importación o exportación prohibida, las siguientes:

I. Las que tenga ese carácter de conformidad con la Ley de los Impuestos Generales de Importación y de Exportación;

II. Las que se destinen al régimen de depósito fiscal y no puedan ser objeto de dicho régimen conforme a lo establecido en el artículo 123 de la Ley, y

III. Las que no puedan importarse o exportase de conformidad con las leyes, decretos y acuerdos expedidos de conformidad con la Ley de Comercio Exterior.

Artículo 230. Para efectos del artículo 165, fracción III de la Ley, se entenderá que los importadores y exportadores no solicitaron la operación al agente aduanal, cuando desconozcan la operación de que se trate, salvo prueba en contrario.

Artículo 231. El domicilio fiscal a que se refiere el artículo 165, fracción III de la Ley, es aquél que se haya declarado para efectos del registro federal de contribuyentes.

Artículo 232. No se considerará que se incurre en la causal de cancelación prevista en la fracción VI del artículo 165 de la Ley, cuando el tercero actúe en asociación con el agente aduanal en los términos que la Ley, este Reglamento y las Reglas que expida el SAT lo permitan para facilitar la prestación de sus servicios.

Artículo 233. Para efectos de lo establecido en los artículos 159, segundo párrafo, fracción VI, y 166, inciso a) de la Ley, se entenderá que el agente aduanal no satisface el requisito de tener título profesional o su equivalente, cuando alguno de ellos se hubiere presentado para la obtención de la patente y haya resultado falso o inexistente.

Artículo 234. El extracto de la resolución firme de cancelación de patente deberá publicarse en el Diario Oficial de la Federación.

Artículo 235. Para efectos del artículo 195 de la Ley, se consideran actos realizados por el agente aduanal en el despacho aduanero de las Mercancías, los derivados de la tramitación de Pedimentos que firmen el propio agente aduanal o sus mandatarios acreditados legalmente para ello.

Capítulo II. Representante Legal

Artículo 236. Las personas morales que promuevan el despacho aduanero de Mercancías sin la intervención de un agente aduanal deberán acreditar ante el SAT a su representante legal, quien deberá cumplir, además de lo previsto en el artículo 40 de la Ley, con lo siguiente:

I. Acreditar, mediante documento certificado, ser de nacionalidad mexicana;

II. Contar con poder notarial en el que se le confieran facultades para llevar a cabo el despacho aduanero de Mercancías, y los actos que deriven de aquél;

III. Acreditar la existencia de la relación laboral con el importador o exportador, en términos de la legislación nacional;

IV. Acreditar tener experiencia o conocimientos en comercio exterior con cualquiera de los documentos siguientes:

a) Título profesional expedido o su equivalente en los términos de la ley de la materia, o cédula profesional expedida por la Secretaría de Educación Pública;

b) Certificado en materia de comercio exterior o aduanal emitida por el Consejo Nacional de Normalización y Certificación de Competencias Laborales;

c) Documento expedido por el SAT, con el que compruebe haber acreditado el examen de conocimientos y práctico en materia de comercio exterior o aduanal;

d) Documento con el que acredite haber tenido la calidad de apoderado aduanal, por un tiempo mínimo de un año;

e) Documento con el que acredite haber tenido la calidad de mandatario o dependiente de agente aduanal, o ex servidor público del SAT que haya tenido como adscripción cualquiera de las aduanas del país por un tiempo mínimo de un año. En este último caso siempre que haya transcurrido un año del último empleo, cargo o comisión en términos de lo previsto en la Ley Federal de Responsabilidades Administrativas de los Servidores Públicos, y

f) Constancia expedida por alguna empresa que habitualmente realice operaciones de comercio exterior con la que acredite haber ocupado puestos operativos relacionados con el área, por un tiempo mínimo de un año;

V. Estar inscrito y activo en el registro federal de contribuyentes;

VI. Contar con firma electrónica avanzada o, en su caso, sello digital vigente;

VII. Estar al corriente en el cumplimiento de sus obligaciones fiscales mediante la constancia de cumplimiento a que se refiere el artículo 32-D del Código Fiscal de la Federación;

VIII. No estar condenado en sentencia definitiva por haber participado en la comisión de delitos fiscales o de otros delitos intencionales que ameriten pena corporal, y

IX. Acreditar las demás condiciones que establezca el SAT mediante disposiciones jurídicas aplicables.

Lo previsto en este artículo será aplicable para el representante legal de las personas físicas, cuando éstas promuevan el despacho aduanero de Mercancías sin la intervención de un agente aduanal a través de dicho representante.

Artículo 237. El SAT podrá revocar la autorización a que se refiere la fracción I del artículo 69 de este Reglamento cuando el representante legal de las personas que promuevan el despacho aduanero de Mercancías sin la intervención de un agente aduanal dejen de acreditar alguno de los requisitos previstos en el artículo anterior.

Asimismo, el SAT podrá revocar el número de autorización a que se refiere la fracción I del artículo 59-B de la Ley, cuando las personas dejen de satisfacer alguno de los requisitos o condiciones para obtener dicha autorización; se cometan cualquiera de las conductas sancionadas por la Ley, o se incumpla cualquiera de las obligaciones previstas en la misma, en este Reglamento o en la propia autorización.

Ni el interesado, ni sus socios o accionistas podrán solicitar una nueva autorización al SAT por un periodo menor a dos años contados a partir de la revocación de la autorización.

Artículo 238. En ningún caso el SAT acreditará como representantes legales de las personas morales, a las siguientes personas:

I. Las que hubieren sido agentes aduanales cuya patente hubiera sido cancelada o extinguida;

II. Las autorizadas por el SAT mediante una patente de agente aduanal;

III. Los empleados, dependientes autorizados o mandatarios de las personas referidas en la fracción anterior, y

IV. Los condenados en sentencia definitiva por haber participado en la comisión de delitos fiscales o de otros delitos intencionales que ameriten pena corporal.

Artículo 239. Los importadores y exportadores que promuevan el despacho aduanero de las Mercancías sin la intervención de agente aduanal, además de lo previsto en el artículo 69 de este Reglamento, podrán designar a empleados de las personas morales que cuenten con concesión o autorización otorgada en términos de los artículos 14, 14-A y 119 de la Ley, para que los auxilien, así como a sus representantes legales, en los actos del despacho aduanero y del Reconocimiento Aduanero, siempre que se cuente con la anuencia de la persona moral que tenga la autorización o concesión que corresponda.

Artículo 240. Los importadores y exportadores podrán auxiliarse de las empresas de mensajería y paquetería para realizar el despacho aduanero de las Mercancías por ellas transportadas, a través de representantes legales que éstas acrediten ante el SAT, quienes deberán cumplir con los requisitos exigidos en el artículo 40 de la Ley y 236 de este Reglamento, siempre que el valor de las Mercancías no exceda el monto que el SAT establezca en las Reglas.

El requisito previsto en el inciso c) del artículo 40 de la Ley, así como la fracción III del artículo 236 de este Reglamento, se cumple cuando el representante legal acredite la relación laboral con la empresa de mensajería y paquetería de que se trate.

Artículo 241. Las dependencias y entidades de la Administración Pública Federal, las empresas productivas del Estado, sus subsidiarias o filiales, los gobiernos de las entidades federativas y los municipios, así como los poderes Legislativo y Judicial de la Federación, podrán despachar directamente sus Mercancías, mediante la acreditación ante el SAT, de funcionarios públicos adscritos a los mismos.

Para tales efectos, deberán acreditar la relación laboral mediante el nombramiento respectivo, o el documento que los acredite como funcionarios en términos de la legislación aplicable.

En estos casos, bastará que el funcionario acreditado cuente con facultades legales o reglamentarias para representar a la dependencia o entidad de la Administración Pública Federal, empresa productiva del Estado, sus subsidiarias o filiales, gobierno de la entidad federativa o municipio, poder respectivo, o bien, contar con autorización para despachar Mercancías en nombre y representación de la persona moral oficial de que se trate, que sea delegada o expedida por el funcionario facultado.

Artículo 242. Quienes promuevan el despacho aduanero de Mercancías sin la intervención de un agente aduanal, serán ilimitadamente responsables por los actos de los representantes y las personas que los auxilien, respecto al despacho aduanero de Mercancías y los actos que deriven de aquél.

Artículo 243. Los representantes legales deberán llevar a cabo el despacho aduanero mediante la utilización de la firma electrónica avanzada o, en su caso, el sello digital de sus representados, en los términos y condiciones que establezca el SAT mediante Reglas.

Artículo 244. Los actos que realicen los representantes legales y las personas que los auxilien con motivo del despacho y Reconocimiento Aduanero, así como los actos que deriven de aquéllos, serán imputables a sus representados.

Artículo 245. Se entenderá que las personas físicas y morales que promuevan el despacho aduanero de Mercancías sin la intervención de un agente aduanal son notificadas personalmente, cuando la notificación de los actos derivados del Reconocimiento Aduanero, así como de la inspección o verificación de las Mercancías y, en general, cualquier acto relacionado con el despacho aduanero o el ejercicio de las facultades de comprobación se efectúe con cualquiera de sus representantes legales o los auxiliares a que se refiere este Reglamento.

Artículo 246. La acreditación del representante legal ante las Autoridades Aduaneras no será impedimento para que quienes promuevan el despacho aduanero de Mercancías sin la intervención de un agente aduanal, puedan llevar a cabo los trámites del despacho aduanero a través de estos últimos.

TÍTULO OCTAVO. INFRACCIONES

Capítulo Único. Disposiciones en materia de Infracciones

Artículo 247. No se considerará que se incurre en la infracción señalada en la fracción III del artículo 184 de la Ley, cuando las discrepancias en los datos relativos a la clasificación arancelaria o a la cantidad declarada por concepto de contribuciones deriven de errores aritméticos o mecanográficos, siempre que en estos casos no exista perjuicio al interés fiscal.

Artículo 248. Para efectos de lo dispuesto en la fracción I del artículo 186 de la Ley, se entenderá por otros medios de seguridad, a los candados y engomados oficiales que cumplan con las características y requisitos que el SAT señale mediante Reglas.

Artículo 249. Cuando se impongan sanciones sin sustanciar el procedimiento en términos del último párrafo del artículo 152 de la Ley, aplicará el beneficio que dispone el artículo 199, fracción V de la Ley.

TRANSITORIOS

Primero. El presente Reglamento entrará en vigor a los dos meses siguientes a su publicación en el Diario Oficial de la Federación.

Segundo. Se abroga el Reglamento de la Ley Aduanera publicado en el Diario Oficial de la Federación el día 6 de junio de 1996.

Tercero. A partir de la entrada en vigor de este Reglamento, queda sin efectos el "Acuerdo que regula al Consejo Asesor del Servicio de Administración Tributaria para la determinación del destino de las Mercancías de comercio exterior no transferibles", publicado en el Diario Oficial de la Federación el 21 de septiembre de 2012.

Cuarto. El Consejo Asesor del Servicio de Administración Tributaria contará con un plazo de ciento ochenta días hábiles para realizar su primera sesión ordinaria, en la que deberá aprobar el Manual para la Operación y Funcionamiento del Consejo Asesor del Servicio de Administración Tributaria.

Quinto. Las referencias que señalan los artículos 127, fracción II, inciso e) y 131, fracción III de la Ley Aduanera al artículo 170 del Reglamento de la Ley Aduanera que se abroga, se entenderán realizadas al artículo 189 de este Reglamento.

Sexto. Las solicitudes presentadas por los contribuyentes ante las Autoridades Aduaneras que se encuentren en trámite en términos del Reglamento de la Ley Aduanera que se abroga, deberán resolverse conforme a las disposiciones vigentes a la fecha de su presentación.

Dado en la Residencia del Poder Ejecutivo Federal, Ciudad de México, Distrito Federal, a diecisiete de abril de dos mil quince.-

Enrique Peña Nieto.- Rúbrica.- El Secretario de la Defensa Nacional, **Salvador Cienfuegos Zepeda**.- Rúbrica.- El Secretario de Marina, **Vidal Francisco Soberón Sanz**.- Rúbrica.- El Secretario de Hacienda y Crédito Público, **Luis Videgaray Caso**.- Rúbrica.- El Secretario de Medio Ambiente y Recursos Naturales, **Juan José Guerra Abud**.- Rúbrica.- El Secretario de Economía, **Ildefonso Guajardo Villarreal**.- Rúbrica.- El Secretario de Agricultura, Ganadería, Desarrollo Rural, Pesca y Alimentación, **Enrique Martínez y Martínez**.- Rúbrica.- El Secretario de Comunicaciones y Transportes, **Gerardo Ruiz Esparza**.- Rúbrica.- La Secretaria de Salud, **María de las Mercedes Martha Juan López**.- Rúbrica.

Made in the USA
Monee, IL
03 February 2022

90554006R00046